国家出版基金项目
NATIONAL PUBLICATION FOUNDATION

山地城市交通创新实践丛书

山地城市大跨度轨道桥梁
数智运维技术

陈晓虎　黎小刚 ◇ 著

重庆大学出版社

内容提要

本书是"山地城市交通创新实践丛书"之一。全书针对山地城市大跨度轨道桥梁，从数智运维技术出发，阐述了大跨度轨道桥梁的发展与数智运维研究背景、研究现状、研究意义及目的，山地城市大跨度轨道桥梁运维状态感知，山地城市大跨度轨道桥梁线形演化与控制分析，山地城市大跨度轨道桥梁运维分析，山地城市大跨度轨道桥梁数智运维云平台构建，应用实践6个方面的内容。

本书凝结了作者关于山地城市大跨度轨道桥梁数智运维的实践经验，可供从事山地城市大跨度轨道桥梁运维工作的同行参考。

图书在版编目（CIP）数据

山地城市大跨度轨道桥梁数智运维技术／陈晓虎，
黎小刚著. -- 重庆：重庆大学出版社，2022.6
（山地城市交通创新实践丛书）
ISBN 978-7-5689-2778-9

Ⅰ．①山…　Ⅱ．①陈…②黎…　Ⅲ．①山区城市—城
市铁路—轨道交通　Ⅳ．①U239.5

中国版本图书馆 CIP 数据核字（2022）第 102558 号

山地城市交通创新实践丛书
山地城市大跨度轨道桥梁数智运维技术
Shandi Chengshi Da Kuadu Guidao Qiaoliang Shuzhi Yunwei Jishu
陈晓虎　黎小刚　著
策划编辑：张慧梓　范春青　林青山
责任编辑：范春青　　版式设计：范春青
责任校对：关德强　　责任印制：赵　晟

*

重庆大学出版社出版发行
出版人：饶帮华
社址：重庆市沙坪坝区大学城西路 21 号
邮编：401331
电话：（023）88617190　88617185（中小学）
传真：（023）88617186　88617166
网址：http://www.cqup.com.cn
邮箱：fxk@ cqup.com.cn（营销中心）
全国新华书店经销
重庆升光电力印务有限公司印刷

*

开本：787mm×1092mm　1/16　印张：13　字数：278 千
2022 年 6 月第 1 版　　2022 年 6 月第 1 次印刷
ISBN 978-7-5689-2778-9　定价：128.00 元

本书作者

AUTHORS

陈晓虎　黎小刚　谭书林　周建庭　丁　鹏

史喜华　刘安双　谭　智　陈　胜

序 一
FOREWORD

　　多年在旧金山和重庆的工作与生活，使我与山地城市结下了特别的缘分。这些美丽的山地城市，有着自身的迷人特色：依山而建的建筑，起起落落，错落有致；滨山起居的人群，爬坡上坎，聚聚散散；形形色色的交通，各有特点，别具一格。这些元素汇聚在一起，给山地城市带来了与平原城市不同的韵味。

　　但是作为一名工程师，在山地城市的工程建设中我又深感不易。特殊的地形地貌，使山地城市的生态系统特别敏感和脆弱，所有建设必须慎之又慎；另外，有限的土地资源受到许多制约，对土地和地形利用需要进行仔细的研究；还有一个挑战就是经济性，山地城市的工程技术措施比平原城市更多，投资也会更大。在山地城市的各类工程中，交通基础设施的建设受到自然坡度、河道水文、地质条件等边界控制，其复杂性尤为突出。

　　我和我的团队一直对山地城市交通给予关注并持续实践；特别在以山城重庆为典型代表的中国中西部，我们一直关注如何在山地城市中打造最适合当地条件的交通基础设施。多年的实践经验提示我们，在山地城市交通系统设计中需要重视一些基础工作：一是综合性设计（或者叫总体设计）。多专业的综合协同、更高的格局、更开阔的视角和对未来发展的考虑，才能创作出经得起时间考验的作品。二是创新精神。制约条件越多，就越需要创新。不局限于工程技术，在文化、生态、美学、经济等方面都可以进行创新。三是要多学习，多总结。每个山地城市都有自身的显著特色，相互的交流沟通，不同的思考方式，已有的经验教训，可以使我们更好地建设山地城市。

　　基于这些考虑，我们对过去的工作进行了总结和提炼。其中的一个阶段性成果是 2007 年提出的重庆市《城市道路交通规划及路线设计规范》，这是一个法令性质的地方标准；本次出版的这套"山地城市交通创新实践丛书"，核心是我们对工程实践经验的总结。

丛书包括了总体设计、交通规划、快速路、跨江大桥和立交系统等多个方面，介绍了近二十年来我们设计或咨询的大部分重点工程项目，希望能够给各位建设者提供借鉴和参考。

工程是充满成就和遗憾的艺术。在总结的过程中，我们自身也在不断地反思和总结，以做到持续提升。相信通过交流和学习，未来的山地城市将会拥有更多高品质和高质量的精品工程。

美国国家工程院院士

中国工程院外籍院士　邓文中

林同棪国际工程咨询（中国）有限公司董事长

2019 年 10 月

序 二
FOREWORD

　　山地城市由于地理环境的不同，形成了与平原城市迥然不同的城市形态，许多山地城市以其特殊的自然景观、历史底蕴、民俗文化和建筑风格而呈现出独特的魅力。然而，山地城市由于地形、地质复杂或者江河、沟壑的分割，严重制约了城市的发展，与平原城市相比，山地城市的基础设施建设面临着特殊的挑战。在山地城市基础设施建设中，如何保留城市原有的山地风貌，提升和完善城市功能，处理好人口与土地资源的矛盾，克服新旧基础设施改造与扩建的特殊困难，避免地质灾害，减小山地环境的压力，保护生态、彰显特色、保障安全和永续发展，都是必须高度重视的重要问题。

　　林同棪国际工程咨询（中国）有限公司扎根于巴蜀大地，其优秀的工程师群体大都生活、工作在著名的山地城市重庆，身临其境，对山地城市的发展有独到的感悟。毫无疑问，他们不仅是山地城市建设理论研究的先行者，也是山地城市规划设计实践的探索者。他们结合自己的工程实践，针对重点关键技术问题，对上述问题与挑战进行了深入的研究和思考，攻克了一系列技术难关，在山地城市可持续综合交通规划、山地城市快速路系统规划、山地城市交通设计、山地城市跨江大桥设计、山地城市立交群设计等方面取得了系统的理论与实践成果，并将成果应用于西南地区乃至全国山地城市建设与发展中，极大地丰富了山地城市规划与建设的理论，有力地推动了我国山地城市规划设计的发展，为世界山地城市建设的研究提供了成功的中国范例。

　　近年来，随着山地城市的快速发展，催生了山地城市交通规划与建设理论，"山地城市交通创新实践丛书"正是山地城市交通基础设施建设理论、技术和工程应用方面的总结。本丛书较为全面地反映了工程师们在工程设计中的先进理念、创新技术和典型案例；既总结成功的经验，也指出存在的问题和教训，其中大多数问题和教训是工程建成后工程师们的进一步思考，从而引导工程师们在反思中前行；既介绍创新理念与设计思考，也提供工程实例，将设计理论与工程实践紧密结合,既有学术性又有实用性。总之,丛书内容丰富、特色鲜明,表述深入浅出、通俗易懂,可为从事山地城市交通基础设施建设的设计、施工和管理的人员提供借鉴和参考。

中国工程院院士
重庆大学教授 周绪红

2019 年 10 月

前 言
PREFACE

　　城市轨道交通是城市交通线网的主动脉，因占地空间小、运载量大、运行快速、安全舒适、环境污染小等优势，成为理想的城市交通工具，为城市的交通建设、经济增长和现代化发展作出了重要贡献。以重庆为代表的山地城市地势高低起伏、山川江河纵横，城市的生存和发展离不开跨江、跨河、跨谷通道，大跨度轨道桥梁应运而生。城市轨道交通蓬勃发展，大跨度轨道桥梁应用愈加广泛，山地城市尤为如此。大跨度轨道桥梁从经济性和实用性两方面破解了山地城市跨天堑、通坦途的交通难题，也是未来大跨度桥梁发展的必然趋势。

　　大跨度轨道桥梁的安全运维对国民经济、社会发展和民生安全影响重大。伴随桥梁等基础设施由"建设为主"向"建管并举"过渡并即将转型至"管养为主"，加之大数据、云计算、物联网等高新技术的应用与兴起，驱动大跨度轨道桥梁数智运维新业态。为提升大跨度轨道桥梁结构的安全性、耐久性，保障其高效运维，亟需采用有效的数智手段，实现结构状态智能感知与安全评价，赋能运维决策分析，加速构建科学的运维管理体系。

　　近年来，我国在大跨度桥梁安全运维理论和技术研究方面取得了较好的研究成果，并在众多桥梁上得到了应用和验证。但是，由于桥型多样、结构形式复杂、运营环境复杂等因素，目前国内外尚未形成统一的规范、规程与理论方法用于指导实践。该领域研究方兴未艾，大跨度轨道桥梁因其独特性尤为如此。基于此，本书探索了山地城市大跨度轨道桥梁数智运维关键技术，并结合工程实例进行应用实践。全书共分为 6 章：第 1 章介绍了大跨度轨道桥梁的发展与数智运维研究背景、研究现状、研究意义及目的；第 2 章介绍了基于人工检查、安全监测的山地城市大跨度轨道桥梁运维状态感知方法；第

3 章阐述了大跨度轨道桥梁线形演化与控制分析方法;第 4 章针对运维时机与运维方法开展了大跨度轨道桥梁运维分析;第 5 章围绕大跨度轨道桥梁数智运维云平台构建进行了论述;第 6 章依托工程实例进行了应用实践分析。

本书凝结了作者关于山地城市大跨度轨道桥梁数智运维的实践经验。希望与同行们就山地城市大跨度轨道桥梁运维进行交流切磋,为山地城市轨道交通桥梁发展贡献绵薄之力。书中一些观点仅代表作者当前对上述问题的认识,有待进一步补充、完善和提高。书中难免存在不足之处,敬请专家、同行、读者予以批评和指正。

本书的研究工作先后得到了重庆市人工智能技术创新重大主题专项重点研发项目(cstc2017rgzn-zdyfX0029)、重庆市技术创新与应用示范专项社会民生类重点研发项目(cstc2018jscx-mszdX0084)、能源工程力学与防灾减灾重庆市重点实验室开放课题(EEMDPM2021201)等交通科技项目的大力支持。同时,本书内容借鉴参考了国内外相关专家的研究成果,在此一并表示感谢!

最后,向参与本书编写和审核的林同棪国际工程咨询(中国)有限公司的专家、同事表示感谢!感谢重庆市轨道交通(集团)有限公司、重庆交通大学、重庆科技学院和重庆大学出版社的信任与支持!

陈晓虎　黎小刚
2021 年 5 月于重庆

目 录
CONTENTS

第1章 绪 论

1.1 大跨度轨道桥梁的发展

不同的交通方式对应着不同的技术经济特征,与水路、公路、航空等其他运输方式相比较,轨道交通具有安全可靠、运力强大、节能环保、受气候条件限制较小等优势。作为适应现代文明和社会进步的高科技产品,轨道交通是以高速度、大容量、低污染、安全可靠著称的先进交通工具,助力区域发展与城市一体化。从历史上看,单位城市轨道交通拉动效应为1∶2.87,即投资1亿元会带来2.87亿元的收益;在就业拉动上,1亿元的投资能创造8 000个就业岗位。

1863年,世界上首条轨道交通线路——伦敦地铁大都会线(Metropolitan Line)建成投入运营。经过一百多年的研发与应用,截至2020年,世界上已有77个国家和地区的538座城市开通了城市轨道交通系统(图1.1、图1.2所示为重庆轨道交通二号线和环线),轨道交通也成为城市的重要基础设施和大众化交通工具。建立四通八达的轨道交通网对于国民经济的发展和人民生活水平的提高具有重要意义。尤其对于像中国这样幅员辽阔、内陆深广、人口众多、资源分布及工业布局不平衡的国家来说,轨道交通的优势体现得更为明显。我国首条轨道交通线路——北京地铁一期工程于1969年投入运营,总长约23.6 km。

图 1.1 重庆轨道交通二号线——中国第一条跨座式单轨线路

图 1.2 重庆轨道交通环线——重庆轨道交通线网唯一的闭合环状骨干线路

相较于世界其他国家轨道交通的发展,我国轨道交通建设起步较晚,但发展迅猛,主要经历了三个阶段:第一阶段为 1969—1999 年的摸索起步阶段,30 年间共开通运营近 200 km,年均通车 6.6 km;第二阶段为 2000—2009 年的稳定增长阶段,近 10 年间共开通运营近 1 200 km,年均通车 120 km;第三阶段为 2010—2020 年的高速发展阶段,开通运营近 6 400 km,年均通车 580 km。我国轨道交通运营里程增长及各城市轨道交通首次开通时间轴见图 1.3(不含港澳台),我国部分城市轨道交通运营里程见表 1.1。

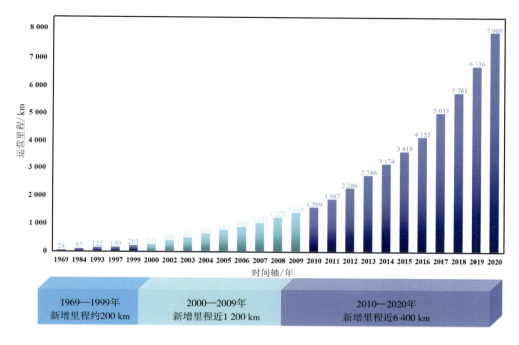

（a）轨道交通运营里程

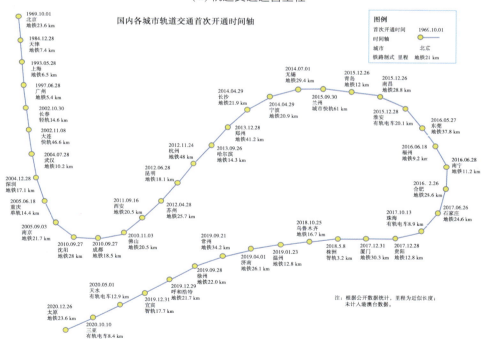

（b）国内各城市首次开通时间轴

图1.3 我国轨道交通运营里程增长及各城市首次开通时间轴（1969—2020 年）

表 1.1 我国部分城市轨道交通运营里程

序号	城市	截至 2015 年运营里程/km	截至 2020 年运营里程/km
1	北京	631	799.1
2	上海	683	834.2
3	深圳	179	422.6
4	广州	247	531.6
5	重庆	202	343.29
6	武汉	123	387.5
7	天津	147	238.8
8	宁波	49	154.3
9	成都	180	652.0
10	昆明	59	139.4
11	长沙	46	157.9
12	南京	232	394.3
13	无锡	56	87.1
14	沈阳	121	211.5
15	南昌	29	88.9
16	西安	51	239.0
17	杭州	81	300.6
18	郑州	61	244.0
19	兰州	61	86.9
20	苏州	70	210.1
21	哈尔滨	17	30.3
22	长春	60	117.7
23	佛山	27	28.1
24	南宁	—	108.0
25	乌鲁木齐	—	26.8
26	贵阳	—	34.8
27	常州	—	34.2
28	厦门	—	71.9

截至 2020 年底,全国(不含港澳台)共有 45 个城市开通轨道交通,运营线路总长度约 7 969 km,其中 2020 年新增运营线路长度约 1 233 km。与此同时,我国轨道交通往多制式方向发展,包含地铁、单轨、轻轨、磁浮交通、市域快轨、现代有轨电车等形式。

过去的 50 年间,我国轨道交通经历了"从无到有""由线转网""从单一到多元"的发展历程,大跨度轨道桥梁应运而生。多座城市迈入了城市轨道交通时代,在满足人民出行需求、缓解城市交通拥堵、促进经济社会发展等方面发挥了重要作用。我国已步入城市轨道交通大国行列,夯实了交通大国的基础。

桥梁是交通设施互联互通的关键节点和枢纽工程,是国民经济发展和社会生活安全的重要保障,在化解传统产业产能过剩、推动战略新兴产业和第三产业发展、促进产业融合升级、拉动经济增长等方面发挥着重要作用。我国是桥梁大国,桥梁数量众多,以公路桥梁为例,根据《2020 年交通运输行业发展统计公报》,截至 2020 年底,全国(不含港澳台)公路桥梁 91.28 万座、6 628.55 万延米,特大桥梁 6 444 座、1 162.97 万延米,大桥 119 935 座、3 277.77 万延米,各年具体数据见表 1.2。

表 1.2　2004—2020 年全国公路桥梁规模与数量

年份	桥梁总量/万座	特大桥数量/座	大桥数量/座
2020	91.28	6 444	119 935
2019	87.83	5 716	108 344
2018	85.15	5 053	98 869
2017	83.25	4 646	91 777
2016	80.53	4 257	86 178
2015	77.92	3 894	79 512
2014	75.71	3 404	72 979
2013	73.53	3 075	67 677
2012	71.34	2 688	61 735
2011	68.94	2 341	55 229
2010	65.81	2 051	49 489
2009	62.19	1 699	42 859
2008	59.46	1 457	39 381
2007	57.00	1 254	35 816
2006	53.36	1 036	30 982
2005	33.66	876	23 290
2004	32.16	717	20 672

　　大跨度轨道桥梁是轨道交通的咽喉,是交通运输的关键性枢纽。伴随城市轨道交通的蓬勃发展,交通运输生命线工程——轨道桥梁建设欣欣向荣。重庆作为中国最年轻的直辖市、长江上游经济中心城市、山地城市,城市轨道交通发展迅猛,截至2020年底,重庆轨道交通运营里程达343.29 km,由于"三山两江"的特殊地貌,轨道交通的发展需要轨道沿线的大跨度、特大跨度桥梁的支撑,加大轨道交通中的轨道桥梁的建设,才能有力地推进城市轨道网络的建设,据不完全统计(不计规划中的桥梁),处于运营或在建状态的重庆轨道交通跨江大桥见表1.3。大跨度轨道桥梁大量建设,世界级工程也不断问世,提升了中国桥梁的影响力,如世界最大跨度轨道专用悬索桥和世界最大跨度自锚式悬索桥——鹅公岩轨道专用桥、世界最大跨度轨道专用斜拉桥——南纪门长江轨道专用桥、世界最大跨度轨道专用连续刚构桥——嘉华嘉陵江轨道专用桥等,如图1.4—图1.6所示。

表1.3　重庆轨道交通跨江大桥(运营、在建)

性质	轨道线路	桥梁名称	建设情况	跨江类型
轨道专用桥	三号线	渝澳嘉陵江大桥	运营	跨嘉陵江
	六号线	蔡家嘉陵江轨道专用桥	运营	跨嘉陵江
	环线	高家花园轨道专用桥	运营	跨嘉陵江
	环线	鹅公岩轨道专用桥	运营	跨长江
	九号线	嘉华嘉陵江轨道专用桥	在建	跨嘉陵江
	十号线	南纪门长江轨道专用桥	在建	跨长江
公轨两用桥	二号线	鱼洞长江大桥	运营	跨长江
	三号线	菜园坝长江大桥	运营	跨长江
	环线	朝天门长江大桥	运营	跨长江
	六号线	东水门长江大桥	运营	跨长江
	六号线	千厮门嘉陵江大桥	运营	跨嘉陵江
	十号线	曾家岩嘉陵江大桥	运营	跨嘉陵江
	五号线	红岩村嘉陵江大桥	在建	跨嘉陵江
	八号线	郭家沱长江大桥	在建	跨长江
	十八号线	李家沱长江复线桥	在建	跨长江
	十八号线	白居寺长江大桥	在建	跨长江

图 1.4　鹅公岩轨道专用桥

图 1.5　南纪门长江轨道专用桥

图 1.6　嘉华嘉陵江轨道专用桥

回顾历史,世界轨道交通高速发展、应用广泛、成果斐然,尤以蓬勃发展的中国轨道交通为代表。随着城镇化的推进和人口加速向中心城市集聚,现代化综合交通运输体系的构建对轨道交通发展提出了更高的要求,推动交通发展由追求速度、规模向更加注重质量、效益转变,全面打造高品质的交通线网。展望未来,轨道交通事业任重而道远,推动轨道交通可持续、高质量发展以及与现代化、绿色化、智慧化大城市相融合仍是我国桥梁工程人员努力的方向。

2019 年中共中央、国务院印发的《交通强国建设纲要》中提出,建设城市群一体化交通网,推进干线铁路、城际铁路、市域(郊)铁路、城市轨道交通融合发展,为加快建设交通强国作出顶层设计和系统谋划。可以预见,未来的中国城市轨道交通网络,在内部是多制式相辅相成、相互衔接的一体化发展,在外部是与干线铁路网、城际铁路网、市域(郊)铁路网的融合发展。现代化城市交通系统向绿色化、安全化、智能化方向发展,大跨度轨道桥梁向世界一流前进,为交通强国建设奠定基础。大跨度轨道桥梁和城市桥梁纵横交错,构成公共交通路网桥梁枢纽,大跨度轨道桥梁方兴未艾。

1.2 桥梁数智运维研究背景

伴随着桥梁工程的蓬勃发展,桥梁结构类型丰富,修建数量不断上升,极限跨径不断突破。但是,在这些辉煌成就的背后,一些桥梁在建设和运营期间出现了令人痛心的安全事故。

据不完全统计,我国 1980—2015 年发生的桥梁事故约 350 起,美国 1966—2015 年发生的记录在案的桥梁事故是 1 502 起,各国桥梁事故屡见不鲜。例如,当地时间 2007 年 8 月 1 日 18:00 左右,美国明尼苏达州 I-35W Mississippi River Bridge 崩塌,造成 13 人死亡,145 人受伤;当地时间 2018 年 8 月 14 日 11:30 左右,意大利热那亚 A10 高速公路 Morandi Bridge 突然坍塌,造成至少 43 人遇难。轨道交通作为超大客流的大型公共交通工具,其安全运营更是关乎社会民生的重大事情,一旦发生事故,后果不堪设想。例如,当地时间 2005 年 4 月 25 日 9 时 18 分左右,日本铁道公司列车冲出轨道撞上高楼,车厢严重变形,造成 107 人死亡,超过 500 人受伤,酿成日本铁路交通史上最为严重的事故之一,如图 1.7 所示。

众多的桥梁安全事故表明,一座投资几千万、几亿乃至上百亿元的特大桥,要重视的不仅仅是几年时间的建设问题,更是今后百年营运期间的安全问题。桥梁安全问题是举世瞩目的重大社会、经济问题。当前,在役桥梁承载能力退化、安全储备不足,可靠性降低已经成为世界性问题,一部分修建年代较早的旧桥难以适应当前的交通运输

图 1.7 轨道交通安全事故

压力,一部分修建年代较晚桥梁的质量和管养也存在较大的问题。据不完全统计,我国桥梁中约有 13% 存在明显的缺损或病害(尤其是技术状况等级为四类、五类的桥梁),结构损伤和自然劣化严重。桥梁运营服役期间,管养不当或管养不足必然会带来重大损失,由此需要不断地进行监测、管理和养护,在桥梁迎来性能退化与安全问题的爆发期前,及早布控,从根本上控制和解决这一问题。

综上,在大跨度轨道桥梁建设飞速发展的同时,如何使决策更加科学,尤其是数十年服役期间的安全监测和管养等关键科学问题的决策,如何有效地监测、管理、养护数量众多的大跨度轨道桥梁,使其成为支撑国民经济可持续发展的重要保障,并在整个生命周期中费效比最优,是工程界和学术界共同关注的问题。同时,与公路桥梁和常规铁路桥梁相比,大跨度轨道桥梁具有宽度窄,列车荷载作用范围大、激励大,结构变形大、响应明显,运行安全性和平稳舒适性要求高等特点,故对结构和运营安全提出了极高的要求,其安全问题刻不容缓。

一系列的事故敲响了桥梁安全运营的警钟,桥梁全生命周期内"健康管理"迫在眉睫。大跨度轨道桥梁的发展应当从注重"以建为主"向"建养并举"过渡,并逐步转型至"管养为主"。运营期间的安全监测是保障大跨度轨道桥梁安全的重要举措,通过各种科技方法和工程手段延长使用寿命,缓解今后高密度维修加固给国家财政、经济发展和社会生活带来的巨大压力。为了保障结构的安全性、完整性和耐久性,已建成投入使用的大跨度轨道桥梁亟需采用有效的手段在线监测和评估安全状态。另外,随着对工程结构的安全性、耐久性及正常使用的日益关注,在桥梁服役期内出现诸如地震、台风、爆炸等灾害后,人们迫切希望能充分了解结构的实际状况和工作性能以决定是否需要对结构进行维修和养护,以及何时进行维修和养护。随着大跨度轨道桥梁数量的不断增加,传统人工、分散的桥梁基础信息和日常养护检查信息的采集管理越来越不能满足需要,如何利用现有检测监测资料,科学评估桥梁结构的现状,并提出科学的处置方式(养护方式及资金、限载、中断交通、最佳加固时机及合理加固技术)至关重要,亟待开发出集桥梁信息采集安全性监测、评价、养护决策的全过程管养体系。

随着智能化传感技术的兴起,桥梁健康监测技术的不断发展,使得桥梁安全监测系统得到了大规模的应用,尤其是以中国为代表的新兴经济国家,在基础设施大规模建设的同时,桥梁安全监测系统成为桥梁安全运维的重要手段之一。

尽管桥梁安全监测系统应用广泛,在桥梁运维中展示了积极的作用,但是该领域依然存在诸多问题尚未得到解决,桥梁运维先进性水平仍有较大提升空间。以时代发展需求为背景,智慧技术、智慧城市兴起,全球科技创新向信息化、智能化发展,这也对整个桥梁工程领域提出了与时俱进的要求,必将带来桥梁工程领域的革新性变化。大跨度轨道桥梁步入运维时代,信息化、智能化对桥梁运维至关重要,数智化进程刻不容缓。与此同时,云计算、大数据、物联网、BIM 技术等新兴技术的发展为桥梁运维发展提供了崭新的路径,为数智运维提供了契机,促使桥梁运维的智能化革新,以响应时代发展需求。政策要求与指引等方面也为桥梁数智运维的推进提供了重要支撑。

2017 年 10 月,中共十九大报告指出应加强应用基础研究,拓展实施国家重大科技项目,突出关键共性技术、前沿引领技术、现代工程技术,为建设科技强国、质量强国、交通强国、数字中国、智慧社会提供有力支撑。

2019 年 9 月,中共中央、国务院印发《交通强国建设纲要》,要求大力发展智慧交通,推进数据资源赋能交通发展,构建泛在先进的交通信息基础设施,推广应用交通装备的智能检测监测和运维技术,全面提升城市交通基础设施智能化水平;构建现代化工程建设质量管理体系,推进精品建造和精细管理。

2020 年 2 月,科技部批复《关于支持重庆建设国家新一代人工智能创新发展试验区的函》,提出开展智慧交通应用示范,打造具有山城特色场景的智慧城市。

2020 年 3 月,重庆市住房和城乡建设委员会公示《关于统筹推进城市基础设施物联网建设的指导意见》,要求重点发展物联网+智慧路网,加强桥梁应力、变形、位移等信息采集和综合分析。

2020 年 8 月,交通运输部印发《关于推动交通运输领域新型基础设施建设的指导意见》,要求推动先进信息技术应用,逐步提升公路基础设施规划、设计、建造、养护、运行管理等全要素、全周期数字化水平;鼓励应用公路智能养护设施设备,提升在役交通基础设施检查、检测、监测、评估、风险预警、养护决策,以及作业的快速化、自动化、智能化水平,提升重点基础设施自然灾害风险防控能力。

2020 年 12 月,交通运输部印发《关于进一步提升公路桥梁安全耐久水平的意见》,指出在完善公路桥梁安全风险防控体系方面,加强桥梁结构健康监测,确保桥梁安全运行。

2021 年 2 月,交通运输部审议《公路长大桥梁结构健康监测系统建设实施方案》,

推进长、大桥梁安全监测系统建设,持续提升对桥梁的认知水平和突发事件的预防能力。

2021 年 2 月,重庆市人民政府印发《重庆市推动交通强国建设试点实施方案(2021—2025 年)》,立足重庆发展基础,按照紧扣国家战略、彰显重庆特色、示范引领带动的总体思路,加快推进重庆市交通强国建设试点工作。

从中央到地方,都在部署推进现代化交通建设,开展大跨度轨道桥梁数智运维研究,符合交通强国建设要求,符合人工智能产业发展方向,对推动桥梁服役状态智能感知基础理论的完善、实现人工检查与实时监测评价技术发展、达到科学管养具有重要的引领作用。日新月异的现代信息技术为推动桥梁数智运维提供了新挑战与新契机,桥梁数智运维也将为大数据、信息化、智能化时代添砖加瓦。

1.3 桥梁数智运维研究现状

大跨度轨道桥梁的设计寿命虽高达上百年,但服役期间受到交通荷载、自然环境等因素影响,不可避免地出现缺陷和病害,影响着结构的使用性能,严重时甚至导致灾难性事故。如何保障作为轨道交通大动脉的轨道桥梁的安全性、耐久性已经成为亟需解决的难题与挑战。世界桥梁建设史上发生过的一些损失惨重、教训深刻的工程结构垮塌事故,让人们认识到对桥梁运营状态掌握不足将造成严重的后果,而搭建以结构状态实时监测、检测与运维智能化为目标的桥梁信息化平台,成为保障桥梁安全运营与管理效率的重要手段。

发达国家于 20 世纪 80 年代开始进行桥梁管理系统(Bridge management system)的研究与应用,致力于实现桥梁状态安全监测、运营管理系统化、养护决策信息化,我国于 20 世纪 80 年代末开始桥梁管理系统研发,随着结构安全监测(Structure safety monitoring)技术的兴起,国内专家学者都注重将监测系统与管理系统相结合,打造具备系统性桥梁管理功能与实时性结构状态监测功能的综合性管理系统,并随着大跨度桥梁的大量建设而得到越来越广泛的应用。

为保障桥梁的安全运营,工程界在桥梁综合信息管理、安全监测技术与方法、规范指南编制等方面做了大量研究工作,取得了一系列的成果。

1.3.1 桥梁管理系统

桥梁管理系统是关于桥梁基本数据、检测信息、状态评估、结构退化预测、维护对策和计划及经济分析的计算机信息系统,可分为网级管理和项目级管理两种。网级桥梁管理是在建立桥梁信息数据库的基础上,通过对整个辖区范围内所有桥梁状况的检查结果进行分析与评定,将桥梁划分成状态完好、待检测和待加固维修等几种状态,进行桥梁分级排序,同时根据这种分级排序对这些桥梁的有限的维护资金进行合理有序配置。项目级桥梁管理则是依据桥梁检测或试验结果进行对比分析,针对单个桥梁的安全性进行评价,对桥梁的未来状态进行预测,以期对桥梁的维护加固提供具有科学依据的决策方案。

一个完善的桥梁管理系统应涵盖数据库模块、仿真分析模块和决策支持模块等功能模块。其中,数据库模块的主要功能是对桥梁信息进行存储和管理。数据库模块可接收桥梁状态监测信息,为仿真分析模块提供数据源,并直接或间接服务于决策支持模块;仿真分析模块是桥梁结构整体或桥梁构件性能退化模型(Deterioration model)的程序化实现,可直接读取数据库模块相关分析指标的数据源,并借助内置的仿真模型实现未来的使用状态预测和维护需求分析,为决策分析提供支撑;决策支持模块可直接服务于普通用户,为桥梁管理资金的分配和桥梁管理活动的计划决策提供支持,将在主管部门整个辖区范围内根据桥梁构件的危险程度,以及仿真分析得到的维护需求分析结果进行决策分析,统筹分配有限的资源。

基于上述需求,世界各国工程界和学术界对桥梁管理系统进行了广泛的研究,取得了大量成果,并开发了一些较为成熟的桥梁管理系统。

美国在 1968 年建立了美国桥梁信息库(NBI),这也是世界范围内最早的桥梁管理系统,此后最为典型的桥梁管理系统主要包括联邦公路管理局(Federal highway administration,FHWA)开发的 PONTIS 系统和联邦公路研究合作组开发的 BRIDGIT 系统。PONTIS 桥梁管理系统,在世界范围内认可度比较高,被美国约 80% 的州和其他许多国家或地区所采用,成为桥梁管理系统的典范。PONTIS 系统的数据库在设计时就特别注意各种资料格式间的转换方式与可行性,以及资料集中储存管理所面临的储存容量、提取速度、备份管理、后续资料扩充的弹性等问题。PONTIS 系统在开发时便针对构件的材料与形式收集各种构件类别并建立起构件数据库,为构件选项及描述提供参考。考虑到桥梁构件劣化状态的认定较易受个人主观因素的影响,因此特别强调每一种构件状态的明确定义,并在系统中建立具体且详细的描述,为检测人员的识别提供参考。PONTIS 系统不单是一个计算机应用软件,它还构成了一个管理组织框架,能够帮助桥梁管理者从获取和处理海量原始安全监测数据的繁重工作中解放出来,将主要精力放在研究优化桥梁网络经济效率的方法上,为养护、加固和更新等工作时机的选择决策提供客观的方法。南非于 1974 年开始对全国公路网实行计算机管理,是世界上最早对公路实行现代化管理的国家之一。南非的桥梁管理信息系统(SABMS)作为公路和城市道路总体信息管理系统,是信息网的"中枢神经"系统的一个子系统,通过桥梁管理系统可以获取桥梁的基本状况,以便及时维修和更新,保证桥梁的服务质量。

在欧洲,典型的桥梁管理系统有丹麦的 DANBRO 系统、法国的 Edouard 系统、英国的 NATS 系统、挪威的 Brutus 系统、芬兰的国家公路署管理系统等。

在亚洲,较为典型的桥梁管理系统有日本的道路桥梁管理系统、韩国的 SHBMS 系统等。在世界范围内,美国、加拿大、英国、丹麦、澳大利亚、日本等国家和地区已经建立了较为成熟的桥梁管理系统。

我国关于桥梁管理系统的研究起步相对较晚,但也逐步开发了相关桥梁管理软件。例如,交通运输部开发的公路桥梁管理系统(CBMS)。CBMS 系统融合了结构计算、数据采集、信息集成、病害分析等技术与理论,通过计算机进行桥梁数据的处理与管理。该系统主要包含桥梁基本信息、桥梁状态分析、决策分析等功能模块,是一种面向公路桥梁行之有效的可用于养护决策与综合管理的辅助工具。

桥梁管理系统的发展主要经历了三个阶段:第一阶段是通过电脑与软件系统将繁杂的桥梁管理资料转变为电子资料,系统功能相对单一;第二阶段则丰富了桥梁全寿命周期的信息,将桥梁检测信息、维护信息、构件信息等接入了信息管理系统,进一步提升了信息化水平与管养效率;第三阶段主要增加了养护决策功能,结合桥梁历史信息、养护策略、养护资源等,进行养护计划制订、资源配置优化等。近年来,学术界和工程界针对桥梁全寿命周期成本效益、预防性养护等理念与桥梁管理系统的有效融合进行了探索。可以预见,未来的桥梁管理系统将逐步发展成为更加完善的桥梁信息化平台。

1.3.2　基于安全监测系统的桥梁运维

桥梁安全监测系统,由永久性安装在桥梁上的传感器和数据采集器等硬件设备与数据处理和桥梁评估软件共同组成(图 1.8)。它以结构的荷载、环境、响应等为监测对象,为及时地评价桥梁的安全状态提供了大量可靠数据与信息,可实时地通过现场安装的检测仪器再组合计算机技术共同完成的损伤识别,并对结构的状态作出评价。

人工检查是最为传统和普遍的桥梁状态获取方法,长期以来在桥梁状况评价中占据主导地位。或是定期对桥梁进行检查,或是在出现特殊情况(发现结构破坏)的时候再进行检测评估,而这时桥梁已经出现了较大的损伤,评估和维修必然花费不菲。人工检测不仅需要大量的人力物力,往往还不能满足桥梁安全的需要。因此,随着传感器技术、数据传输技术、计算机硬件软件技术、人工智能技术等的迅速发展,人们开始借助计算机,研究具有自动、连续监测功能,甚至可实现实时监测且具有较高性价比的桥梁安全监测系统。安全监测系统是一个复杂的系统工程,它充分融合了现代测试分析、计算机、数学理论和通信等领域的尖端技术。近年来,国内外许多大型桥梁都安装了结构安全监测系统,而且数量还在不断增加。真正意义上基于现代科学技术上的桥梁安全监测是指利用安装在桥梁结构上的永久性的传感器系统,通过对桥梁结构进行无损监测,实时监控结构的整体行为,对结构的损伤位置和程度进行诊断,对桥梁的服役状况进行智能评估,为大桥在特殊气候、交通条件下或桥梁运营状况严重异常时触发预警信号,为桥梁的维修、养护与管理决策提供参考。

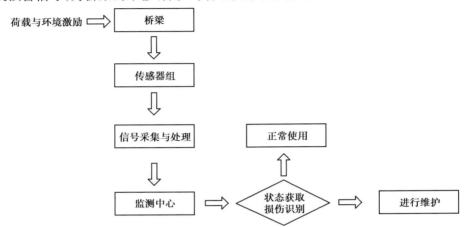

图 1.8 桥梁安全监测系统原理

完整的一套安全监测系统可分为硬件系统和软件系统两大类。硬件系统包括传感器系统、信息采集的硬件系统、信息处理和分析的硬件系统、系统运作和控制的计算机硬件系统。软件系统包括系统内所有计算机及硬件系统应用的软件,如计算机系统的运作、信息采集和传送、结构分析和评估、信息储存传送管理和图像处理等。

在测量和传感器技术方面,光纤传感器(Fiber optic sensors)被广泛地应用于测量腐蚀、应变、压力和裂纹、温度、电磁场、电流,对比于常规的基于电磁和空气的传感器来说,光纤传感器具有明显的优越性,如不受电磁干扰的影响,尺寸小、质量轻、几何易变性、高分辨率和非常好的多路复用能力等,多种类型的光纤传感器被研究和应用在桥梁监测系统中。其他先进技术,如可测量大变形的激光斑点摄影技术、激光位移系统等,也逐步应用于桥梁监测系统。

在传感器优化布置方面,由于被检测结构的庞大性和复杂性,传感器的类型和数目相当多,如何确定传感器的最优布置点是研究的热点。目前采用的方法主要有模态动能法、有效独立法(EI 法)、Guyan 模型缩减法、奇异值分解法以及基于遗传算法(GA)的优化方法等。用于损伤检测的传感器类型有振动传感器、声级计、声发射传感器、温度传感器、阻抗传感器等。

在信号处理方面,信号的分析和处理是结构损伤识别技术中特征因子的提取技术。传感器采集的信号,如频率、振型、位移、温度等可以直接利用,但大部分信号需经过放大、去噪后,才能得到对损伤敏感的特征因子。近来年出现的数字滤波技术、自适应滤波技术、小波分析技术、分形几何技术、模糊技术等大大丰富了信号处理的内容。

小波变换可以聚集到信号的任意细节进行频域处理,因此非常适合用于提取非平稳信号振动波形特征。小波信号消噪处理可以从混有噪声的污染信号中提纯原始信号,为提取复杂信号特征开辟了天地。在结构损伤诊断中,时域信号经小波分析后其缺损特征会更加明显,因此从小波分析的数据中提取神经网络的训练样本能更好地反映结构损伤特征。

在数据采集、传输方面,可以采用在商业上得到广泛认可与成熟应用的客户机/服务器网络系统,使用专用线缆和调制解调器可以实现计算机之间的远程数据传输,同时可以将监测网络系统联接到互联网,达到远程的、便捷的监测。

在数据管理方面,可以使用合适的数据库管理系统对原始采集数据和分析结果数据建立档案并进行管理;数据的显示和报告等可以使用形象的图形界面,甚至可以设计合适的二维或三维的动画来描述实时和非实时的数据。

在安全监测系统方面,一些国家在很多大跨度桥梁上都安装了结构安全监测系统,对桥梁结构运营状态的安全性进行实时监控。世界各国典型的桥梁监测系统应用情况见表1.4。

表 1.4　国外一些桥梁的安全监测系统应用情况

国家	桥梁信息	监测系统应用情况
美国	Sunshine Skyway Bridge,混凝土斜拉桥,主跨 440 m,建于 1987 年	布设了 500 多个传感器,监测施工、运营阶段的温度、应力、位移等
英国	Foyle Bridge,钢箱梁桥,桥长 522 m,建于 1987 年	监测系统发展史上早期较为完善的系统之一,具备荷载与环境(温度场、风)监测、结构响应(动力响应、应变、挠度)监测、实时分析等功能
丹麦	Faroe Bridge,斜拉桥,桥长 1 726 m	进行施工阶段及通车首年的监测,旨在检查关键的设计参数,获取桥梁使用期间关键的健康信息
挪威	Skarnsundet Bridge,斜拉桥,桥长 1 010 m,建于 1991 年	全自动数据采集系统能对风、加速度、倾斜度、应变、温度、位移进行自动监测
加拿大	Confederation Bridge,梁式桥,桥长 12.9 km	系统包括了 100 多个通道的加速度传感器、位移传感器、应变传感器以及风力、倾角测量仪等
日本	Akashi Kaikyo Bridge,悬索桥,桥长 3 911 m,建于 1998 年	包括风速仪、加速度计、位移计、电阻应变丝及 GPS 系统
瑞士	Versoix Bridge,梁式桥,桥长 512 m,建于 1996 年	安装了上百个光纤传感器,并设置了动态称重系统
泰国	Rama IX Bridge,斜拉桥,桥长 781.2 m,建于 1995 年	系统包括12 通道加速度计和3 通道风的测量、1 通道温度的测量,监测信息超过警戒值时,系统以声音、图形的方式发出警报

我国从 20 世纪 90 年代起也在一些大型重要桥梁结构上建立了不同规模的结构安全监测系统。最为完善和最具代表性的当属香港青马、汀九、汲水门大桥的综合监测系统，其作用是监测大桥在营运期间的结构性能变化和进行结构评估工作。该系统规模较大、监测项目较为全面，有上千个传感器及其附件，包括风速仪、加速度传感器、位移计、温度计、水平仪、倾角仪及测定车轴车速的动态地秤等。2003 年，润扬长江大桥结构安全监测系统建立。该系统包括硬件和软件两个部分，包括 4 个系统：传感器系统、数据采集系统、数据通信与传输系统以及数据分析和处理系统，各系统间通过光纤网络联接而进行运作。2005 年，行业专家为苏通长江大桥设计了一套结构安全监测和安全评价系统，该监测系统包括风速计、温度计、加速度传感器、位移计、GPS 等 11 种不同类型的传感器，总数目达到了 800 多个。另外，这个长期安全监测系统中还植入 1 430 个用来监测地基稳定性和施工安全的埋入式传感器。随着我国各地区大型桥梁的不断建成，众多桥梁上已经建立了各种侧重点不同的桥梁结构安全监测系统，如南京长江三桥（2005 年）、江阴长江大桥（2005 年）、茅草街大桥（2006 年）、泸州泰安长江大桥（2008 年）等。

综上分析可知，结构安全监测领域取得了显著成果。

①应用规模宏大，近年建成的大跨度桥梁大多安装了监测系统，传感设备数量多，个别系统传感器数量近千个。

②监测内容全面，不仅可基于应力、变形等参数实现结构自身行为与状态监测，还关注桥梁所处自然环境的监测与信息获取。

③自动化程度高，配备了自动化采集、传输、处理等模块，监测系统的自动化水平越来越高。

④理论研究内容丰富，借助数学分析、人工智能等手段在损伤识别、数据挖掘等领域开展了大量研究。

但是结构安全监测系统的研究仍存在不足之处，主要有以下两点。

（1）强调自动化监测，弱化人工检查

安全监测系统随着自动化传感传输、采集设备等发展而得到了更加广泛的应用，安全监测系统建立过程中人工检查的重要性却被忽视了。据不完全统计，国内建成并应用的安全监测系统中，将人工检查功能考虑在内的不到 40%，而制订了详细标准、完善人工检查方法与项目的就更鲜见了。

从现实需求出发，自动化监测是以有限监测点信息来反映结构状况，往往其部分关键构件和部位，覆盖面不能满足桥梁运维需求。另外，当前监测技术手段也存在一定的局限性。安全监测并不能替代人工检查，二者应互为补充。因而，从经济优势、技术实力角度出发，仅安全监测的有限信息尚不能支撑桥梁运维，与人工检查进行有机的融合是提升桥梁运维信息化、现代化水平的重要趋势与必然选择。

（2）强调硬件系统，弱化软件系统

国内安全监测系统在建设过程中往往过度强调硬件系统的规模与数量。对于一个大桥的安全监测系统而言，硬件系统的费用往往就占据了整个系统费用的大部分，而数量众多的传感器、采集模块、通信设备等，布设存在一定的盲目性，未能充分发挥各自的价值，加之，冗余的硬件设备还增加系统集成、系统管理的难度，降低系统的耐久性。

实际上，软件系统的建设更应受到重视，目前缺乏满足大跨度桥梁运维需求的云平台。虽然安全监测系统大量建立，但系统的模块组成、功能架构、信息共享机制等尚不明确，导致监测系统的实用性程度不高。当前建立的安全监测系统，可以实现监测数据的表观化，但是与用户交互体验往往较差，且缺乏对监测数据的深入分析与信息挖掘，缺乏适应性的评定方法，缺乏对结构状态的预测分析。

桥梁运维先进性水平受信息化程度的制约，且与安全监测、人工检查、桥梁管理系统有着密切的关联。人工检查是最传统的获取桥梁运维信息的手段，采用实地检查的方式探测桥梁结构损伤情况，可辅助桥梁运维分析与管理决策。但人工检查存在检查时间长、信息传递链条长、经验性要求高等劣势，尤其是针对大跨度桥梁，滞后性缺点凸显，难以适应大跨度桥梁运维信息化的需求。当前的人工检查技术手段尚不能满足大跨度桥梁的运维，如钢结构的损伤检查没有统一的指导标准。加之，人工检查体系的完善也需要一个健全的管理系统，记录桥梁的各类检查（日常巡查、定期检查、专项检查等）的基本情况（桥梁建成时间、跨径等基本信息）与结果（时间、频次、主要检查内容、手段、检查记录表达、结论与建议等），这些信息复杂且繁多，因而需要与之相适应的桥梁管理系统。桥梁管理系统的出现是对桥梁运维水平的极大提升，凭借系统化、档案化、路网化管理等优势，直接将运维水平提高了一个层次。而安全监测的出现，则有效提升了桥梁运维水平。安全监测以其自动化、远程化的优势，对人工检查进行了有益的补充，但是因自动化损伤识别技术的限制，尚不能取代人工检查。因此，现代化安全监测系统应融合人工检查管理能力，这样一个融合人工检查功能、具备桥梁管理能力的安全监测系统对于运维的先进性起着决定性作用，基于安全监测系统的桥梁运维成为主流方式，引领着桥梁运维层次的提升，也是桥梁数智运维的关键所在。为顺应时代需求，桥梁运维应发挥创新融合安全监测和人工检查的损伤识别、状态获取优势，构建先进的基于安全监测系统的桥梁数智运维云平台。通过一体化的云平台实现运维信息分析与决策。

1.3.3　桥梁运维相关规范规程与指南

国内外开展了大量的桥梁运维方面的研究工作，取得了丰硕成果。

在国际上，在结构安全监测领域，国际标准化组织尚未在该领域发布或制定任何标准,只有部分国家和相关国际组织开发和出版了少数技术指南。加拿大 ISIS（The Canadian Network of Centres of Excellence on Intelligent Sensing for Innovative Structures）一直在研究开发先进的技术,以促进远程结构安全监测,用时 5 年在加拿大各地的示范项目中对监测系统的耐久性、可靠性进行了验证。其中一个重要的指南就是 ISIS 于 2001 年发布的 *Guidelines for Structural Health Monitoring*,该指南将监测系统作为掌握结构状态的重要依据,并阐述了其架构组成,工程实例丰富,关于传感器性能、数据采集的内容比较详细,其他方面内容相对较少。另一个比较全面的指南是由欧盟组织 SAMCO（Structural Assessment，Monitoring and Control）于 2006 年制定的 *F08b Guideline for Structural Health Monitoring*,该指南重点介绍了一些发展中的损伤识别方法,提出了多种行之有效的结构状态分析与监测方法,但在系统组成和监测实施方面阐述得不够全面。2003 年,德雷塞尔大学（Drexel University）智能基础设施与交通安全研究所在美国 FHWA（Federal Highway Administration）组织下完成了 *Development of a Model Health Monitoring Guide for Major Bridges*,该报告内容翔实,易于实施,但对损伤识别方法涉及有限。此外,国际结构混凝土联合会（The International Federation for Structural Concrete，fib）于 2002 年发布的 *Monitoring and Safety Evaluation of Existing Concrete Structures*,报告层次分明,比较完善,关于系统组成、传感器和损伤识别方法的介绍较为详细,但报告只针对混凝土结构。结合国际上的监测指南可以看出,安全监测被视为桥梁运维期间的重要手段,特别是对于大型桥梁,监测系统已经成为不可或缺的一部分,对于桥梁安全运营与维护信息化至关重要。但是,各个指南之间也并不统一、完善,且尚未形成通用性指导文件。

近年来,我国桥梁运维标准化工作进程得到了有力推动与快速发展,尤其是国家规范、行业规范方面。我国桥梁量大面广,桥梁发展呈现出高速发展的局面,一代代专家学者依据理论方法与实践经验,编写了一系列用于指导桥梁运维的相关国家标准、行业规范等,推动了我国桥梁运维工作的长足发展。截至 2020 年底,桥梁运维相关的部分规范、规程与指南见表 1.5。

表 1.5　桥梁运维相关的部分规范规程与指南

序号	名称	适用范围	发布机构	实施时间
	桥梁结构安全监测相关规范			
1	《结构健康监测系统设计标准》（CECS 333—2012）	适用于土木工程结构在施工及服役期间的健康监测系统设计	中国工程建设标准化协会	2013 年 3 月
2	《城市轨道交通工程监测技术规范》（GB 50911—2013）	适用于城市轨道交通新建、改建、扩建工程及工程运行维护的监测工作	中华人民共和国住房和城乡建设部	2014 年 5 月

序号	名称	适用范围	发布机构	实施时间
3	《穿越城市轨道交通设施检测评估及监测技术规范》（DB11/T 915—2012）	适用于在城市轨道交通控制保护区中穿越已运营城市轨道交通工程的设计方案、施工方案、检测方案、评估方案和监测方案的编制、论证、实施	北京市质量技术监督局	2013 年 7 月
4	《建筑与桥梁结构监测技术规范》（GB 50982—2014）	适用于高层及高耸、大跨空间、桥梁、隔震等工程结构监测以及受穿越施工影响的既有结构的监测	中华人民共和国住房和城乡建设部	2015 年 8 月
5	《公路桥梁结构安全监测系统技术规程》（JT/T 1037—2016）	适用于桥梁主跨跨径不小于 150 m 梁桥、200 m 拱桥、300 m 斜拉桥、500 m 悬索桥等结构复杂和重要桥梁的结构安全监测系统，其他桥梁结构安全监测系统亦可参照使用	中华人民共和国交通运输部	2016 年 4 月
6	《大跨度桥梁结构健康监测系统预警阈值标准》（T/CECS 529—2018）	适用于主跨跨径不小于 150 m 梁桥、200 m 拱桥、300 m 斜拉桥、500 m 悬索桥的大跨度公路和市政桥梁结构健康监测系统预警阈值	中国工程建设标准化协会	2018 年 11 月
7	《结构健康监测系统运行维护与管理标准》（T/CECS 652—2019）	适用于结构健康监测系统在运行期间的日常管理、定期检查与维护、异常处置	中国工程建设标准化协会	2020 年 6 月
桥梁结构人工检查与维护相关规范				
1	《公路桥涵养护规范》（JTG H11—2004）	适用于国道、省道、县道的桥涵养护,其他公路的桥涵养护可参照使用	中华人民共和国交通部	2004 年 10 月
2	《公路桥梁技术状况评定标准》（JTG/T H21—2011）	适用于各级公路的桥梁技术状况评定	中华人民共和国交通运输部	2011 年 9 月
3	《城市桥梁检测与评定技术规范》（CJJ/T 233—2015）	适用于城市桥梁结构的安全性、适用性、耐久性的检测与评定	中华人民共和国住房和城乡建设部	2016 年 5 月
4	《城市桥梁养护技术标准》（CJJ 99—2017）	适用于已竣工验收后交付使用的城市桥梁的养护	中华人民共和国住房和城乡建设部	2018 年 2 月

续表

序号	名称	适用范围	发布机构	实施时间
桥梁结构管理系统相关规范				
1	《公路桥梁管理系统技术规程》（T/CECS G：Q71—2020）	适用于各级公路桥梁的管理系统	中国工程建设标准化协会	2020 年 10 月

由上表可以看出，多国科研人员围绕桥梁结构开展了安全监测、人工检查与维护、管理系统等相关研究，推出了一些强制性规定或推荐性方法。目前，涵盖桥梁检测、评定、监测、养护、加固等方面的公路桥梁标准体系基本形成。然而，针对城市轨道交通桥梁，难以有效兼顾定性评价和定量评价，且难以具备较强的可操作性。特别是针对建立了长期安全监测系统的大跨度轨道桥梁，如何基于海量监测信息提炼出有针对性的实用评估技术，针对该领域的研究仍然匮乏。

1.3.4 信息化、智能化运维需求

大跨度轨道桥梁作为百年大计，应当"建管并重"，然而目前仍然存在施工阶段与运维阶段信息不传递、全生命周期内海量信息难以充分利用、桥梁各个阶段信息缺乏共享机制、一桥一系统导致信息交互难等问题，难以打破运维信息孤岛难题，这些问题在一定程度上阻碍了轨道桥梁现代化进程，大跨度轨道桥梁运维体系的先进性亟待提升，数智赋能运维已成时代的迫切需求，如图 1.9 所示。

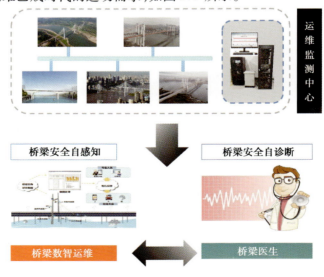

图 1.9　数智赋能运维

推进安全监测体系发展是桥梁运维走向数智化的必经之路,越来越多已建成和在建的大型桥梁都布设了安全监测系统。重庆已布设安全监测系统的典型桥梁见表1.6。

表 1.6　山地城市重庆布设安全监测系统的典型桥梁

序号	桥梁名称	结构形式	跨径布置/m	建成时间
1	李家沱长江大桥	双塔双索面斜拉桥	169+444+169	1996 年
2	涪陵长江大桥	双塔双索面斜拉桥	43+97+330+97+43	1997 年
3	江津长江大桥	连续刚构	140+240+140	1997 年
4	大佛寺长江大桥	双塔双索面斜拉桥	198+450+198	2001 年
5	马桑溪长江大桥	双塔双索面斜拉桥	179+360+179	2001 年
6	石板坡长江大桥复线桥	组合连续刚构梁式桥	138+330+133.75	2006 年
7	李渡长江大桥	双塔双索面斜拉桥	170+398+170	2007 年
8	菜园坝长江大桥	无推力钢箱系杆拱桥	88+102+420+102+88	2007 年
9	石板沟长江大桥	双塔双索面斜拉桥	200+450+200	2009 年
10	朝天门长江大桥	中承式连续钢桁系杆拱桥	190+552+190	2009 年
11	青草背长江大桥	钢箱梁悬索桥	788	2013 年
12	蔡家嘉陵江轨道专用桥	双塔双索面斜拉桥	60+135+250+135+60	2014 年
13	东水门长江大桥	双塔单索面钢桁梁斜拉梁桥	222.5+445+190.5	2014 年
14	千厮门嘉陵江大桥	单塔单索面部分斜拉钢桁梁桥	88+312+240+80	2014 年
15	万州驸马长江大桥	钢箱梁悬索桥	300+1 050+300	2017 年
16	寸滩长江大桥	钢箱梁悬索桥	250+880+250	2017 年
17	高家花园轨道专用桥	双塔双索面混合梁斜拉桥	52+68+340+66.5+50.5	2017 年
18	鹅公岩轨道专用桥	钢箱梁自锚式悬索桥	50+210+600+210+50	2019 年

然而,在大跨度桥梁安全监测、评价和养护领域仍存在一些基础课题尚待解决,特别是针对建立了长期安全监测系统的大跨度轨道桥梁,在施行大跨度轨道桥梁科学管理养护时,不可避免地存在诸多亟待解决的客观技术难题。

难题一:基于海量监测信息有效预处理技术的大跨度轨道桥梁状态客观评价与安全预警技术问题。由于大跨度轨道桥梁多材料、多组合结构的复杂性,桥梁工作环境的复杂性,缺乏有效的传感器优化布设算法,桥梁测试信号存在噪声等因素,造成了桥梁统一评判标准难以建立,基于海量运维信息的实用安全评估技术成为问题。一座轨道桥梁投资巨大,耗费数百万甚至上千万经费用于桥梁的安全监测,若因其缺乏有效、可靠的评价体系,使桥梁监测数据得不到及时处理,则会极大地影响桥梁监测效率。

难题二:基于多源传感技术融合的大跨度轨道桥梁生命特征信息稳定、可靠、耐久感知与监测技术问题。桥梁由于体系复杂、尺寸庞大、服役环境多变,致使结构生命特征信息难以准确、持续地获取,尽管安全监测技术取得了一定成果,但对于系统的有效性和经济性,并没有成熟的理论和方法,加之监测成果使用寿命短、信息采集缺乏可靠性,实现桥梁服役信息的稳定、可靠、耐久感知亟待解决。

难题三:大跨度轨道桥梁结构服役状态监测信息特征指标、故障自诊断与识别技术问题。由于桥梁数量众多、监测系统较完善,伴随运行时间的持续,监测信息总体呈现数据量大、数据格式复杂、数据受随机因素影响大、不便分类和处理等趋势,加之监测信息往往伴有误差、噪声、奇异值、数据重复、数据缺失等现象,因此,在监测信息特征值识别、数据降噪、冗余分析等方面存在极大的挑战。

难题四:大跨度轨道桥梁养护的最佳时机与最佳适应性养护手段决策技术问题。桥梁管理养护问题涉及结构、管理、信息、经济学、数学等多学科,普遍存在工作量大、繁杂、生产效率低下、偶然破坏因素众多、经济投入巨大等问题,在确定养护时机和采取养护手段方面,一直处于被动状态,是当前世界性技术难题。

安全监测是运维信息化的基础,监测技术的先进与否极大地影响了运维效率,加之桥梁工程运维信息传递有效性等因素影响,目前我国的轨道交通桥梁运维工作存在以下几个较为突出的问题:

①与建设速度相比,运维理论与技术研究相对滞后,无法支撑与推动管养方式的进步。比如,当前普遍采用周期性的人工巡检管养手段,因其局限性,往往存在病害检查不及时、作业流程不标准、信息获取不全面等问题。

②日常维护采用"检测、养护、维修"分离的模式,各个阶段协同难,工作量大,导致运维效率低、响应速度慢等问题。

③一些建成的轨道桥梁的检修通道设计不合理或不完善,增加了人工检查的难度。

④缺乏针对大跨度轨道桥梁的检测与评定、安全监测与状态评估、养护方法与措施等方面的相关标准,无法规范和支持轨道桥梁运维的合理有序发展。

⑤缺乏现代化的检查、检测、监测、养护技术和设备,严重影响了运维决策效率。

⑥专业技术人员配置不足,掌握现代化检测、检修、养护技术的人员不足。

　　由此可见,在大跨度轨道桥梁建设蓬勃发展的同时,既有的运维管理技术已经不能适应现代化、数字化、信息化、智能化的轨道桥梁运维管理需求。

1.4　山地城市大跨度轨道桥梁数智运维研究意义与目的

　　城市轨道交通相比较于其他交通方式,更加符合现代大城市可持续发展的要求,是实现大城市经济效益、社会效益、环境效益协调统一与绿色发展不可缺少的基础性设施。大跨度轨道桥梁作为城市轨道交通的重要组成部分,提高其精细化管理和精准化养护,需要以智能的信息化决策和处理技术为基本手段,通过对海量桥梁信息的梳理、过滤、挖掘和利用来推动现代大跨度轨道桥梁智慧运维体系的构建。对大跨度轨道桥梁运营安全进行评估,实现运营管理、养护决策等过程的数字化、智能化、敏捷化势在必行,这是建设智慧交通的重要体现,也是建设智慧城市的重要内容。

　　在数智运维未来研究方向方面,结合既有特大桥梁的管养需求与经验,越来越多的专家学者认识到,建立人工检查、安全监测、运维决策三位一体的桥梁运维体系已成为时代需求,应实现长期运维工作的科学化、标准化、统一化。基于上述需求,依托大数据、云计算、物联网、BIM 等现代化高新技术,搭建大跨度桥梁数智运维云平台势在必行(见图 1.10),对于掌握桥梁运维状态、提高养护水平、保障交通节点安全、避免安全事故发生至关重要。从远期来看,轨道交通网络不断完善,大规模、大体量的大跨度轨道桥梁不断建成,运维与管养工作将会由点发展成线、从线发展成面,对运维工作提出了更高的要求,而数智运维云平台作为提升运维水平和效率的重要基石,对于健全和完善大跨度轨道桥梁安全运维体系意义重大。

　　开展大跨度轨道桥梁数智运维研究,构建数智运维体系,以期达到以下目的:

　　①实现实时或准实时的损伤监测,对在大跨度轨道桥梁结构任何时候出现的损伤进行定性、定位和定量分析,实现防患于未然,起到预警预报的作用。

　　②对监测信息进行分析,准确把握桥梁在各种荷载下真实的受力及变形状态,并对大桥状态和安全进行评价,保证结构处于安全可控范围内,给管理者提供桥梁维护管理的客观依据,能科学地指导工程决策。

　　③在突发性事件(如接近设计烈度等级的地震、接近设计风速的强风、滑坡等)之后对桥梁进行结构安全性评价。通过评价、养护与加固,挖掘桥梁的潜力,使其继续为现代交通运输服务,从而给国家带来巨大的经济效益和社会效益。

　　④通过对运维数据信息的综合分析,可以更为准确地把握桥梁在各和荷载下真实的受力及变形状态,运维阶段的数据及其分析对桥梁的设计者和建造者是非常重要的

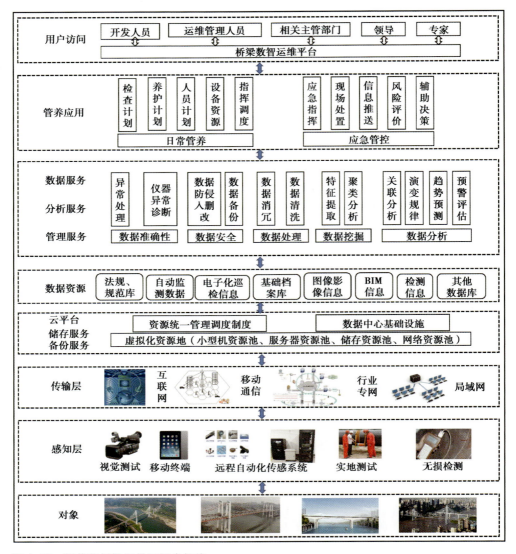

图 1.10　现代化桥梁运维云平台架构

资料,这些监测资料可以提高人们对大型复杂结构的认识,如认识真正的荷载环境和相应的桥梁结构的响应等,对今后同类工程的开发建设具有十分重要的指导意义。

⑤在大桥整个设计使用寿命内,在确保大桥安全可靠运营的前提下,使维护管理费用保持在相对较低的稳定水平。

⑥科学的养护时机有助于降低桥梁运营管养成本,延长桥梁使用寿命,科学界定养护周期与养护投入,同步提升工程品质与运营效益,实现显著社会效益和经济效益。

简而言之,数智运维对于充分掌握服役轨道桥梁的结构特征、实时状态、力学性能、安全储备是十分重要的,进而可以根据桥梁性能状态决策养护管理措施与资源合理配置。开展大跨度轨道桥梁数智运维探索与研究,符合桥梁工程长寿命、全信息和可持续的发展方向,是保障轨道交通服役安全、促进轨道交通系统长足发展的重要举措。

综上,现代科学技术的发展使得桥梁领域进入了新的发展起点,对桥梁工程提出了新的要求与变革。作为中国交通基础设施的大动脉,大跨度轨道桥梁工程在信息时代面临着如何支持新型现代化交通运输体系的挑战。面向现代运维与桥梁智慧化的时代需求,将桥梁全生命周期与现代科技结合,向信息化、智能化方向革新,打造智能化的桥梁结构已经成为重要的发展方向。基于信息技术的数智技术为桥梁工程的运维创新提供了新的机会,开发现代化数智运维云平台,为提升中国桥梁工程品质指明了方向。这意味着,在现代科技的推动下,桥梁设计与建设品质将得到极大提升,集信息化、智能化于一体的桥梁运维安全体系将会得到推广与广泛应用。信息化、智能化的科技将为桥梁工程的革新带来新的机遇。

第 2 章 山地城市大跨度轨道桥梁运维状态感知

2.1 概述

轨道桥梁,尤其是大跨度轨道桥梁,作为一个复杂系统,其运维状态受到众多复杂因素的影响,许多因素对结构的影响无法量化评估,需结合专家经验和判断。人工检查和安全监测作为桥梁状态感知的关键手段,可互为补充,将二者有机结合方可取得满意的效果。在桥梁结构运维状态感知中,选取不同的评估指标往往对桥梁产生的评估效果也不同。这里有两个问题十分关键:一是评估指标是否对结构变化损伤具有足够的敏感度,因此评估指标须全面、合理;二是数据来源的可靠性,这就需要设备设施状态的自诊断。用于桥梁结构运维状态感知的指标应具有如下性质:

①可测性,即能够通过数学公式、测试仪器或实验统计等方法获得,且便于实际使用和度量,含义明确,便于定量分析,具有可操作性。

②客观性,即指标能真实地反映结构系统的特性。

③灵敏性,即当桥梁结构性能发生变化时,该指标能相应地发生明显的变化。

④简明性,即指标易于理解和接受。

本章阐述了大跨度轨道桥梁运维状态感知的总体思路与方法。利用人工检查与安全监测多维度、多层次感知轨道桥梁运维状态,建立轨道桥梁运维状态全方位评价体系。其中,人工检查状态感知由日常巡查、定期检查、专项检查等多项检查结果与分析综合构成,采用定期与不定期、表观与结构内部无损检测相结合的方式,可较为全面地掌握结构状态。安全监测则包含了荷载与环境监测、结构整体响应监测、结构局部响应监测,实时获取环境温湿度、结构变形、结构受力等信息,并给出了基于数据包络分析的轨道桥梁运维安全状态评价方法。然后,从运营性能评价角度出发,基于列车运行舒适性和安全性评价标准,梳理了各项指标的控制限值。由此,综合人工检查与安全监测感知桥梁结构运维状态,以信息技术、传感技术、网络传输技术等作为支撑,构建了一套针对大跨度轨道桥梁实用的、系统的运维状态感知体系,可为大跨度轨道桥梁预警、决策提供依据。

2.2　基于人工检查的桥梁状态感知

针对运营期间的大跨度轨道桥梁,人工检查是获取桥梁结构工作状态的一种至关重要且行之有效的方式。人工检查包括了日常巡查、定期检查及专项检查,定期与不定期相结合,多种方式优势互补,保障了信息获取途径的全面性、可靠性。同时,人工检查通常须配备必要的现代化、智能化检查工具。

2.2.1　日常巡查

1)检查对象及检查内容

日常巡查的对象包括结构整体外观、结构异常变形、上部结构、下部结构及桥面系及附属设施等,不同结构体系、结构材料的轨道桥梁检查对象及重点不同,桥梁日常巡查对象如图2.1所示。日常巡查以目测为主,辅以简单工具对病害进行一定程度的量化检查。

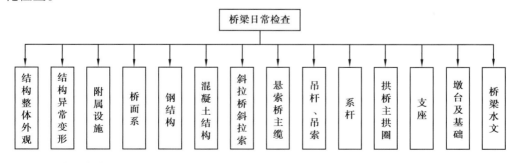

图 2.1　大跨度轨道桥梁日常巡查对象框图

对于状态变化较快或直接影响行车安全的部位或构件应加强巡查。通过日常巡查,了解掌握桥梁状态的变化程度,以便及时采取相应措施,尤其对于状态变化较快或直接影响列车安全的部位,如明桥面钢轨垫板、扣件、桥枕、护轨、联结螺栓、安全检查设备等应经常检查。日常巡查过程中发现桥梁重要病害或病害发展较快影响车辆安全的,应立即上报,并提交专项检查报告。日常巡查重点及相应内容见表2.1。

表2.1 大跨度轨道桥梁日常巡查内容

巡查对象	巡查内容	
结构整体外观	外观是否整洁,有无杂物堆积;构件表面的涂装是否完好,有无破损、老化、变色、开裂、起皮、剥落、锈迹	
结构异常变形	观察桥梁结构有无异常变形,异常的竖向振动、横向摆动等情况,了解桥梁结构是否存在异常噪声、振动等,并及时进行现场踏勘,综合判断是否由结构异常引起	
附属设施	标志、标识	标志是否齐全、完好,标识是否准确,是否满足限界要求
	交通信号、标志、标线、照明设施	是否损坏、老化、失效,是否需要更换
	桥上避雷装置	是否完善,避雷系统性能是否良好
	桥上航空灯、航道灯,结构物内拱养护检修的照明系统	是否完好,能否保证正常照明
	桥上的路用通信、供电线路及设备	是否完好
桥面系	普通水泥混凝土铺装层	有无磨光、裂缝、破损、坑槽、高低不平现象
	沥青混凝土铺装层	有无泛油、松散、破损、裂缝、壅包、高低不平现象
	桥面	纵、横坡是否顺适
	排水设施	桥面排水是否通畅,有无污水漫延;泄水管布置是否恰当,有无破损、脱落、堵塞;饮水槽是否破损、堵塞;桥头排水沟功能是否完好,锥坡有无冲蚀、塌陷
	防水层	有无后期渗漏,有无混凝土施工缝渗漏水,裂缝渗漏水,有无变形缝渗漏水
	人行道构件	是否破损、道板开裂或缺失等
	防撞墙及护栏	有无破损、缺失、裂缝、锈蚀等
	伸缩缝	是否贯通,有无堵塞、橡胶条损坏、钢板松动或断裂、螺栓松脱、失去伸缩功能等现象
	桥头搭板引道	有无坑槽、沉降、跳车等现象;引道两边挡土墙有无变形、破坏或缺损

续表

巡查对象	巡查内容
钢结构	杆件有无裂纹、穿孔、硬弯、歪扭、爆皮及材料夹层等
	容易积水、积尘部位及杆件密集、间隙小、通风不良部位有无锈蚀
	高强度螺栓有无松扣、断裂、锈蚀
	对于运营时间较长的钢梁,要特别注意严寒季节可能引起的杆件裂纹和断裂
	钢结构联结件及节点的检查应特别仔细,因为这些部位易于损坏,节点处容易存积雨水、垃圾,从而造成锈蚀
混凝土结构	观察结构是否因碱集料反应自裂缝口渗出凝胶状物质
	钢筋混凝土梁应重点检查宽度超过 0.2 mm 的竖向裂缝,并注意检查有无斜向裂纹和沿主筋方向的纵向裂纹
	预应力混凝土梁混凝土开裂和钢筋锈蚀情况,腹板有无竖向裂缝、底板有无横向裂缝,沿预应力筋方向的裂纹,桥面板与腹板交界处的纵向裂缝
斜拉桥斜拉索	斜拉索两端锚固构件及其阻尼装置的完好性
	斜拉索防护材料的有效性
	观察斜拉索的颤振状况,检验其减振装置是否正常工作
悬索桥主缆	主缆防护材料的有效性
	主缆两端锚固构件的完好性
	锚固部位有无开裂、变形、积水,温湿度是否符合要求
吊杆(吊索)	吊杆(吊索)防护材料的有效性
	吊杆(吊索)两端锚固构件及其阻尼装置的完好性
	锚固部位有无开裂、变形、积水,温湿度是否符合要求
系杆	系杆防护材料的有效性
	系杆两端锚固构件及其阻尼装置的完好性
	锚固部位有无开裂、变形、积水,温湿度是否符合要求
拱桥主拱圈	拱肋间横向联系,主拱圈风化、剥落、破损、裂缝、渗漏及主筋锈蚀等
	拱上建筑出现的裂缝、损伤

续表

巡查对象	巡查内容
支座	支座各部分相互位置是否正确,活动支座是否灵活,其实际位移量是否正常,特别注意螺栓是否有折损
	支座上座板与梁底、下座板与支承垫石间是否密贴
	支承垫石有无积水、翻浆和破损
	梁跨两端四支座有无三支点现象
墩台及基础	检查支座各部分相互位置是否正确,活动支座是否灵活,其实际位移量是否正常,特别注意螺栓是否有折损
	支座上座板与梁底、下座板与支承垫石间是否密贴
	支承垫石有无积水、翻浆和破损
	梁跨两端四支座有无三支点现象
桥梁水文	检查墩台、护锥及台后路堤边坡的冲刷情况及防护建筑物的设置和作用
	洪水通过后应立刻检查河道、河床、防护设备、调节河流建筑物和桥头路基的状态

2)检查频次

大跨度轨道桥梁日常巡查频次应结合桥梁结构特性、重要等级等综合考虑。实际工程中可按照如下频次执行:

①每月对钢梁桥、混合桥(钢梁部分)和其他重要桥梁巡查一遍。

②每半年至少对所有桥梁全面巡查一遍。

③特殊重要桥梁、使用年限久及病害桥梁按养护手册或设计要求开展日常巡查工作。

考虑到钢结构在运营过程中容易产生疲劳裂纹,且在裂纹萌生阶段对其进行处理的代价相对较小,故为了及时准确地了解钢结构桥梁的状态,其巡查周期应为每个月一次。此外,由于我国城市轨道交通运行密度大,载客量逐步增长,过桥车辆数量和重量变化较大,每半年至少应对全部桥梁进行一次全面巡查,若设计文件或养护手册中明确规定了巡查周期,则应按设计文件或养护手册执行。

3)检查成果

日常巡查应建立检查记录簿,桥梁日常巡查记录表可参考表 2.2,现场填写病害检查记录,保证数据准确可靠,为评定分析桥梁状态和编制修理工作计划提供依据。值得一提的是,为了清楚地描述病害的特性,可以用病害略图进行记录。与此同时,日常巡查过程中发现桥梁重要病害或病害发展较快影响车辆安全的,应立即上报,并提交专项检查报告。此外,日常巡查记录应定期整理归档,并提出评价意见。

表 2.2　大跨度轨道桥梁日常巡查记录表

线路名称:	区间名称:	桥名/孔号:	里程桩号:
结构体系:	检查人员:	记录编号:	巡查日期:

检查项目	检查情况记录	备注

注:①每次巡检时填写本表,无病害时填写"正常"。

②详细记录和描述病害(包括病害种类、数量、部位、程度),病害无发展者填写"无变化"。

③对巡查过程中发现的严重病害,应在备注中说明。

④本表填写后及时整理归档,形成巡查记录簿。

2.2.2　定期检查

定期检查以目测观察结合仪器检测进行,检查时必须接近各部件,仔细检查其缺损情况。定期检查的目的是准确了解结构及部件的工作状态,判断缺损原因,估定维修范围,提出下一步工作建议,因此必须在目测观察的基础上,借助专业仪器设备开展检查工作。

定期检查工作应按规范程序进行,检查前要认真审阅有关技术资料及上次定期检查的报告,做好人力、设备等各种准备,落实安全保障措施。此外,对定期检查作判断时,执行者的经验也很重要,因此要求定期检查应由专业技术人员负责实施。

各国对桥梁检查时间的规定不一。丹麦为 1~6 年,法国每 5 年对跨度大于 120 m 的桥梁进行详细检查,德国每 3 年进行一次总体检查,瑞士每 5 年进行一次间隔性检查,意大利每年进行一次全面彻底的检查。我国公路桥梁检查时间为最长不得超过 3 年;城市桥梁常规定期检查应每年一次;结构定期检查 I 类养护的桥梁宜为 1~2 年,II~IV 类养护的桥梁宜为 6~10 年;铁路桥梁春融及汛前应对桥隧设备的排水、泄洪及度汛防护设施进行一次检查,秋季(三季度)应对桥隧设备进行全面检查。

定期检查的主要工作包括:现场校核桥梁基本数据;当场填写"桥梁定期检查记录表",记录各部件缺损状况;实地判断缺损原因,确定维修范围及方式;对难以判断损坏原因和程度的部件,提出专项检查的要求;根据桥梁的技术状况,确定下次检查时间。

1)检查对象及内容(表2.3)

表2.3　大跨度轨道桥梁定期检查内容

对象	检查内容
桥面系及附属设施	伸缩缝是否有异常变形、破损、脱落、漏水
	人行道构件、栏杆、护栏有无断裂、错位、缺件、剥落、锈蚀等
	桥面排水是否顺畅,泄水管是否完好、畅通,桥头排水沟功能是否完好,锥坡有无冲蚀、塌陷
	桥上避雷装置是否完善,避雷系统性能是否良好
	桥上航空灯、航道灯是否完好,能否保证正常照明;结构物内供养护检修的照明系统是否完好
钢筋混凝土和预应力混凝土梁桥	梁端头、底面是否损坏,箱形梁内是否有积水,通风是否良好
	混凝土有无裂缝、渗水、表面风化、剥落、露筋和钢筋锈蚀,有无碱集料反应引起的整体龟裂现象,混凝土表面有无严重碳化
	预应力钢束锚固区段混凝土有无开裂,沿预应力筋的混凝土表面有无纵向裂缝
	梁(板)式结构的跨中、支点及变截面处,悬臂端牛腿或中间铰部位,刚构的固结处和桁架节点部位,混凝土是否开裂、缺损和钢筋锈蚀
	装配式梁桥联结部位:组合梁的桥面板与梁的结合部位及预制桥面板之间的接头处混凝土有无开裂、渗水;横向联结构件是否开裂,连接钢板的焊缝有无锈蚀、断裂
拱桥	主拱圈的拱板或拱肋是否开裂,拱顶及1/4跨度附近有无横向贯通裂缝
	拱上立柱(或立墙)上下端、盖梁和横系梁的混凝土有无开裂、剥落、露筋和锈蚀;中、下承式拱桥的吊杆上下锚固区的混凝土有无开裂、渗水,吊杆锚头附近有无锈蚀现象,外罩是否有裂纹,锚头夹片、楔块是否发生滑移,吊杆钢索有无断丝
	拱的侧墙与主拱圈间有无脱落,侧墙有无鼓突变形、开裂,实腹拱拱上填料有无沉陷;肋拱桥的肋间横向联结是否开裂、表面剥落、钢筋外露、钢筋锈蚀等
	钢筋混凝土拱有无露筋、钢筋锈蚀;圬工拱桥砌块有无压碎、局部掉块,砌缝有无脱离或脱落、渗水,表面有无苔藓、草木滋生,拱铰工作是否正常
	薄壳拱桥壳体纵、横向及斜向是否出现裂缝及系杆是否开裂;空腹拱的小拱有无较大的变形、开裂、错位,立墙或立柱有无倾斜、开裂
	系杆拱的系杆是否开裂,无混凝土包裹的系杆是否有锈蚀
	钢管混凝土拱桥裸露部分的钢管及构件检查参见钢桥检查有关内容,同时还应检查管内混凝土是否填充密实
	采用型钢或钢管混凝土芯的劲性骨架拱桥,应检查混凝土是否沿骨架出现纵向或横向裂缝

续表

对象	检查内容
钢桥	构件(特别是受压构件)是否扭曲变形、局部损伤
	铆钉和螺栓有无松动、脱落或断裂,节点是否滑动、错裂
	焊缝边缘(热影响区)有无裂纹或脱开
	油漆层有无裂纹、起皮、脱落,构件有无锈蚀
	钢箱梁封闭环境中的湿度是否符合要求,除湿设施是否工作正常
悬索桥和斜拉桥	索塔高程、塔柱倾斜度、桥面高程及梁体纵向位移,注意是否有异常变位
	索体振动频率、索力有无异常变化(索体振动频率观测应在多种典型气候下进行)
	主梁或加劲梁的检查,按钢筋混凝土和预应力混凝土梁桥及钢桥的相应要求进行
	悬索桥的锚碇及锚杆有无异常的拔动,锚头、散索鞍有无锈蚀破损,锚固部位有无开裂、变形、积水,温湿度是否符合要求
	主缆、吊杆及斜拉索的表面封闭、防护是否完好,有无破损、老化
	悬索桥的索鞍是否有异常的错位、卡死、辊轴歪斜,构件是否有锈蚀、破损,主缆索跨过索鞍部分是否有挤扁现象
	悬索桥吊杆上端与主缆索的索夹是否有松动、移位和破损,下端与梁连接的螺栓有无松动
	索体是否开裂、鼓胀及变形,必要时可剥开护套检查索内干湿情况和钢索的锈蚀情况
	锚具及周围混凝土的情况,锚具是否渗水、锈蚀,是否有锈水流出的痕迹,周围混凝土是否开裂;必要时可打开锚具后盖抽查锚杯内是否积水、潮湿,防锈油是否结块、乳化失效,锚杯是否锈蚀
	索端出索处钢护筒、钢管与索套管连接处的外观情况;检查钢护筒是否松动脱落、锈蚀、渗水;抽查连接处钢护筒内防水垫圈是否老化失效,筒内是否潮湿积水
	索塔的爬梯、检查门、工作电梯是否安全可靠,塔内的照明系统是否完好
桥梁支座	支座组件是否完好、清洁,支座与梁身、支承垫石间是否密贴
	活动支座是否灵活,其变位方向是否与温度变化相符,实际位移量是否正常,固定支座的锚栓是否紧固,销板或销钉是否完好
	支承垫石是否裂损、不平
	板式橡胶支座有无裂纹、不均匀外鼓、钢板外露、剪切变形超限、位置窜动等情况,限位装置是否可靠

续表

对象	检查内容
桥梁支座	盆式橡胶支座有无钢件裂纹、脱焊、锈蚀、聚四氟乙烯板磨损、位移转角超限、防尘罩是否完好等情况;支座固定螺栓是否剪断,螺母是否松动
	摆柱支座各组件相对位置是否准确,受力是否均匀
	辊轴(摇轴)支座的辊轴有无变形和磨损,是否出现不允许的爬动、倾斜
	铰轴支座平面滑板是否清洁、有无锈蚀;固定、限位螺栓是否松动;聚四氟乙烯板有无窜动、是否变形;铰轴的注油情况、有无裂纹;底座板挡块有无开裂
	圆柱面钢支座聚四氟乙烯板有无窜出、是否变形;固定、限位螺栓是否松动;限位挡块是否开裂
墩台及基础	裂缝、腐蚀、倾斜、滑动、下沉、冻融、空洞等病害情况
	对于高桩承台桥墩,当发现支座变位、墩身有位移时,应详细检查承台下基桩有无环状裂纹或断裂
	桥台护锥应检查砌体灰缝有无缺损、开裂、下沉变形以及土体有无陷穴,雨天有无水从护锥背后盲沟排除等
	石砌墩台有无砌块断裂、通缝脱开、变形,砌体泄水孔是否堵塞,防水层是否损坏
	墩台顶面是否清洁,伸缩缝处是否漏水
	基础下是否发生不许可的冲刷或淘空现象,扩大基础的地基有无侵蚀;桩基顶段在水位涨落、干湿交替变化处有无冲刷磨损、颈缩、露筋,有无环状冻裂,是否受到污水、咸水或生物的腐蚀;必要时对大桥、特大桥的深水基础应派潜水员潜水检查
	寒冷地区应检查水位变化部位对墩台基础的冻害、腐蚀程度,墩帽顶防落梁支架有无冻起,墩帽托盘有无冻裂
	调治构造物是否完好,功能是否适用,桥位段河床是否有明显的冲淤或漂浮物堵塞现象

2)检查频次

定期检查周期应根据桥梁技术状况确定,最长不得超过 3 年。新建桥梁交付使用 1 年后,应进行第一次全面检查。

在日常巡查中发现重要部(构)件出现严重病害时,应立即安排一次定期检查。

3)检查成果

桥梁定期检查后应提出下列成果:

①大跨度轨道桥梁定期检查记录表。当天检查的桥梁现场记录,应在次日内整理成每座桥梁定期检查记录表,表格内容及格式可参考表 2.4。

②典型缺损和病害的照片及说明。缺损状况的描述应采用专业标准术语,说明缺损的部位、类型、性质、范围、数量和程度等。

③两张总体照片,一张桥面正面照片,一张桥梁上游侧立面照片。桥梁改建后应重新拍照一次。如果桥梁拓宽改造后,上下游桥梁结构不一致,还要有下游侧立面照片,并标注清楚。

④定期检查报告。报告由以下内容组成:线路内所有桥梁的日常养护情况;要求进行专项检查桥梁的报告,说明检验的项目及理由;需限制桥梁运行速度建议的报告。

表 2.4　大跨度轨道桥梁定期检查记录表

1.线路及区间名称		2.桥位桩号		3.桥梁名称	
4.下穿通道名		5.桥长(m)		6.主跨结构	
7.最大跨径(m)		8.建成年月		9.上次检查日期	
10.本次检查日期		11.气候			
部件号	部件名称	病害位置	病害状况 (类型、性质、范围、程度)		照片或图片 (编号/年)
1	翼墙、耳墙				
2	锥坡、护坡				
3	桥台及基础				
4	桥墩及基础				
5	地基冲刷				
6	支座				
7	上部主要 承重构件				
8	上部一般 承重构件				
9	伸缩缝				
10	检修通道				
11	栏杆、护栏				
12	照明、标志				
13	排水设施				
14	调治构造物				
15	其他				

2.2.3 专项检查

专项检查内容包括结构材料缺损状况诊断、结构整体性能功能状况评估。结构材料缺损状况诊断包括对材料物理、化学性能退化程度及原因的测试评估,结构或构件开裂状态的检测及评定。

1)专项检查对象及内容

在日常巡查和定期检查的基础上,可参照图2.2进行桥梁专项检查。

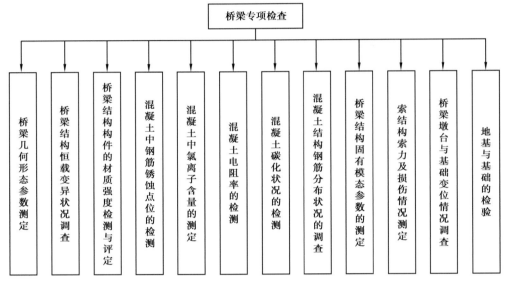

图2.2 大跨度轨道桥梁专项检查项目

针对不同结构类型及结构病害的不同,对桥梁进行的专项检查内容可根据现场实际情况进行选取。

结构整体性能、功能状况评估包括对结构强度、稳定性和刚度的检算以及荷载试验。依据桥梁结构或构件的设计或竣工技术资料,通过结构检算分析,必要时辅以荷载试验评定的方法,对桥梁结构或构件的承载能力及其使用条件作出评价。当通过桥梁调查检测与检算分析尚不足以评定桥梁承载能力时,可采用荷载试验测定桥梁在荷载作用下的实际工作状况,结合桥梁调查、检测与检算来评定桥梁的承载能力。

对于是否有必要进行荷载试验,应根据检算的主要指标超限情况加以确定。一般在下列情况下,可考虑进行荷载试验:

①桥梁的施工质量很差,可能存在安全隐患,仅用调查、检测与检算分析难以确定其实际承载能力。

②桥梁在运营过程中损坏严重,可能影响桥梁承载能力。

③缺乏设计、施工资料或桥梁的结构受力不明确,不便准确进行桥梁承载能力检算。需进行荷载试验的桥梁,应测定结构在动静荷载作用下的响应,可参照图 2.3 选择项目。

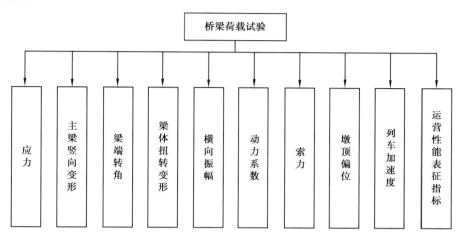

图 2.3　桥梁荷载试验结构响应指标

专项检查应根据材料缺损的类型、位置和检测的要求,选择表面测量、无损检测技术和局部取试样等方法。其中,材料缺损的类型主要指混凝土材质强度、钢筋锈蚀、氯离子含量、电阻率、碳化状况、保护层厚度以及钢板焊缝质量等。试样宜在有代表性构件的次要部位获取,检测与评估应按照国家或现行行业标准进行。次要部位与结构典型断面材质一致,且取样不影响结构受力的部位。

根据诊断的构件材料质量状况及其在结构中的实际功能,用计算分析、静力荷载方法、动力荷载方法测定结构力学性能和振动参数。结构计算、评估和荷载试验应符合国家或行业标准的规定。

2)专项检查频次

日常巡查和定期检查频次主要依据桥梁状态与时间间隔确定,具有一定周期性,而大跨度轨道桥梁专项检查并无固定频次,主要依据出现的各类异常或特殊情况,确定执行桥梁专项检查,具体情况可参照图 2.4。

3)专项检查成果

大跨度轨道桥梁进行专项检查后,应出具专项检查报告,基本框架如图 2.5 所示。其中,桥梁基本信息,包括桥梁建筑物的组成,桥址水文及自然环境特征,建造及加固、修复的历史等;检查依据,包括检查执行的标准与规范规程,桥梁图纸及历史报告等;检查内容,包括检算桥梁各部的承载能力;检查结果,包括依据试验的实测数据及试验成果分析,阐明结构的实际工作状态和运营性能,指明结构及养护中存在的问题;结论及建议,宜提出桥梁技术状态和运营对策的技术结论。

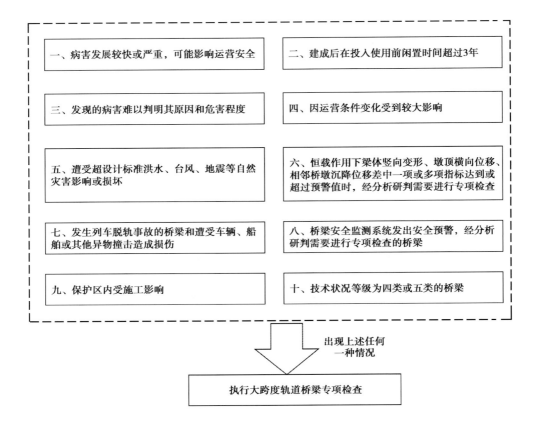

图2.4 应执行专项检查的情况

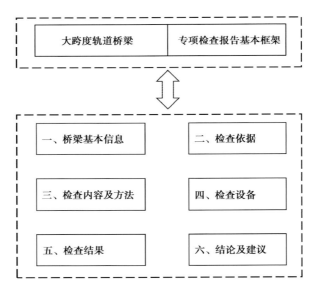

图2.5 大跨度轨道桥梁专项检查报告基本框架

2.2.4　技术状况评价

根据日常巡查及定期检查结果,对大跨度轨道桥梁进行技术状态评价。将大跨度轨道桥梁按照不同结构体系划分为多个部件,再将各个部件分解为构件,采用多指标分层次加权法进行桥梁技术状况评价,即将轨道桥梁分解为"全桥→部件→构件→评价指标→标度(病害或损伤)",按照百分制赋予构件初始得分值,自底向上按照缺损程度确定标度并进行扣分,逐层加权求和,最终计算得到全桥的技术状况评分 F_{ZT},即

$$F_{ZT} = F_{SB} \cdot W_{SB} + F_{XB} \cdot W_{XB} + F_{QM} \cdot W_{QM} \qquad (2.1)$$

式中　F_{SB},F_{XB},F_{QM}——上部结构、下部结构、桥面系的技术状况评分;

W_{SB},W_{XB},W_{QM}——上部结构、下部结构、桥面系在全桥中的权重。

按照综合分层加权法计算结果,确定桥梁全桥整体评分,根据评分结果将桥梁技术状况评价等级划分为五类,大跨度轨道桥梁技术状况评价流程如图 2.6 所示。需要说明的是,若桥梁状态满足五类桥梁单项控制指标,即存在其中一种或多种情况,则无须遵循综合分层加权法进行评分,直接评定为五类桥梁。桥梁单项控制指标如图 2.7 所示。

按照大跨度轨道桥梁技术状况评价流程,可获得桥梁技术状况评分,依据各类桥梁的分值区间,则可判定桥梁技术状况等级(一类、二类、三类、四类、五类),进而明确桥梁状态,采取相应维护措施(日常养护、小修、中修、大修等),桥梁技术状况评价等级及运维建议见表 2.5。

表 2.5　大跨度轨道桥梁技术状况评价等级及运维建议

桥梁技术状况等级	分值区间	桥梁状态描述	状态分析与运维建议
一类	[95, 100]	处于良好状态	运营:满足正常使用需求;不影响运营维护:日常养护
二类	[80, 95)	处于较好状态	运营:满足正常使用需求;不影响运营维护:小修
三类	[60, 80)	处于较差状态	运营:尚可维持正常使用功能,但病害会恶化;会影响运营维护:应尽快维修处置,中修,可酌情进行交通管制
四类	[40, 60)	处于很差状态	运营:已经影响到正常使用;影响正常运营维护:执行专项检查,采取大修、加固、交通管制等处置措施
五类	[0, 40)或无桥梁技术状况评分值	处于危险状态	运营:不满足服役要求,应关闭交通;建议:进行专家论证,结构损伤严重性研判,必要时应改建或重建

注:符合五类桥梁单项控制指标时,直接判定为五类,此时无桥梁技术状况评分值。

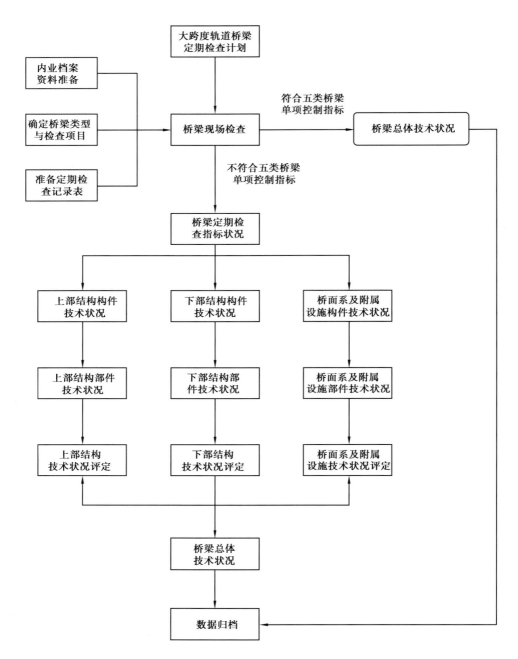

图2.6　大跨度轨道桥梁技术状况评价流程

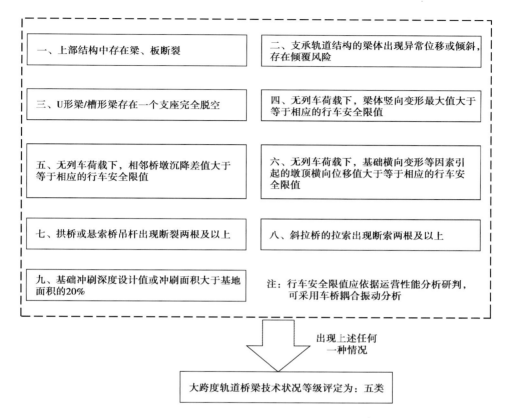

一、上部结构中存在梁、板断裂

二、支承轨道结构的梁体出现异常位移或倾斜，存在倾覆风险

三、U形梁/槽形梁存在一个支座完全脱空

四、无列车荷载下，梁体竖向变形最大值大于等于相应的行车安全限值

五、无列车荷载下，相邻桥墩沉降差值大于等于相应的行车安全限值

六、无列车荷载下，基础横向变形等因素引起的墩顶横向位移值大于等于相应的行车安全限值

七、拱桥或悬索桥吊杆出现断裂两根及以上

八、斜拉桥的拉索出现断索两根及以上

九、基础冲刷深度设计值或冲刷面积大于基地面积的20%

注：行车安全限值应依据运营性能分析研判，可采用车桥耦合振动分析

出现上述任何一种情况

大跨度轨道桥梁技术状况等级评定为：五类

图 2.7 五类桥梁单项控制指标

2.3 基于安全监测的桥梁状态感知

大跨度轨道桥梁运维作为一项复杂的系统工程,对信息时效性与连续性、不影响交通等要求高,安全监测因其远程化、自动化等优势为桥梁运维提供了良好的解决方案。安全监测系统的实用性、有效性与系统架构、监测项目、评价方法等密切相关。

2.3.1 安全监测系统架构

大跨度轨道桥梁运营安全监测内容主要包括荷载与环境监测、结构整体响应监测、结构局部响应监测。

整个运营安全监测分析工作的完成,主要依据运营安全监测系统,常见的架构包括五大模块,即传感器模块、数据采集与传输模块、数据处理与管理模块、数据评价与预警模块、系统集成与用户接口交互,如图 2.8 所示。

图 2.8　运营安全监测系统架构

1) 传感器模块

传感器模块由荷载与环境监测、结构整体响应监测和结构局部响应监测传感器构成,可实现桥梁荷载参数、环境参数、结构响应的测量。作为安全监测系统的最前端,传感器选型应遵循"技术成熟、耐久性好、抗干扰性强、使用环境适应性好、性价比最优"的原则,要求便于系统集成,且灵敏度、线性度、信噪比、分辨率、频率响应特性等均应满足监测需求。

由于安全监测系统测点数量的有限性,可按照内力和变形分析、易损性分析和几何尺寸覆盖原则确定控制截面,进行传感器优化配置。在此基础上,依据识别(传递)误差最小、模型缩减、插值拟合和模态保证准则(Modal assurance criterion,MAC),采用遗传算法、数据融合、反演理论、与施工监测控制互补结合优化等方法,实现传感器优化布设。

2) 数据采集与传输模块

数据采集与传输由数据采集设备、数据传输设备与线缆、数据采集与传输软件构成,实现传感器数据同步采集与传输,且保证数据质量不失真。

在传感信息采集方面,应依据结构型式、安全监测测点数量、传感器类型等,合理设计传感信息的采集方式。传感信息的采集设备分为采集硬件与采集软件。采集硬件应遵循标准协议和标准接口;采集软件开发云平台的语言选择,应符合安全监测可视化的要求,可采用 LabVIEW、LabWindows 等。

在传感信息传输方面,应综合传输距离、网络覆盖状况、通信设施等因素,进行合理传感信息传输方式选择。

3）数据处理与管理模块

数据处理与管理模块用于例行数据处理、系统状态监控及远程操控,基于传感信息区分结构损伤与非结构损伤引起的异常问题,一直是行业领域研究的重点和难点。由于传感器自身误差、环境噪声影响、系统故障等多因素耦合作用,非结构损伤引起的异常传感信息必须进行有效处理,为结构损伤识别和性态分析提供有效信息源。工程应用中,处理传感信息时,主要是依据传感信号处理方式,采用时域、频域、时频域分析方法进行过滤或去噪处理,进行失真信息重构、缺失信息修复等工作。

4）数据评价与预警模块

数据评价与预警模块用于执行原始监测数据分析、结构状态分析及诊断,应根据结构响应信息,借助计算理论分析,综合数学、力学等知识,通过结构自身特性变化指标、响应变化特征指标和变化趋势等方面来实现,可采用综合分析与单项控制指标相结合的方法,当监测值出现超过规定的限值时,应发出预警。

5）系统集成与用户接口交互

系统集成包含硬件集成、软件集成和工具平台集成,并且实现最优配置,形成完整的集成方案,使系统整体性能最优。用户界面交互应清晰、友好地显示监测数据、数据采集与传输工作状态、数据处理与分析结果、安全预警信息与评价结果。

2.3.2　安全监测项目与方法

1）移动荷载监测

移动荷载监测可选用称重系统。称重系统宜布设在主桥上桥方向振动较小的断面,以减小桥梁振动对系统的影响。

根据城市轨道交通桥梁结构特点,一般在桥墩等有支撑点的断面处,桥梁振动对称重系统的影响较小。

2）地震监测

特别重要的特大桥、设计文件要求或其他有特殊要求的桥梁应进行地震监测,监测内容主要为地震动参数及地震响应加速度。地震动参数表征地震引起的地面运动的物理参数,包括峰值、反应谱和持续时间等。地震响应加速度一般为桥岸地表场地加速度、承台顶部或桥墩底部加速度。

地震动及地震响应宜结合移动荷载、风、撞击等振动响应统筹布置监测系统,测点可布置在相对固定不变、接近大地的位置。桥岸地表区域可将测点布设于护岸、锚室等自由场地上;水体区域可布置于人可到达的索塔、桥墩底部或承台顶部,并易于保护和维护。

地震监测宜与震害检查相结合。震害发生后,及时对桥梁结构整体外观、基础沉降、整体垂直度及易损部位等进行检查,结合监测信息,判断地震对桥梁的影响程度。

3)撞击监测

特别重要的特大桥、设计文件要求或其他有特殊要求的桥梁应进行撞击监测。撞击监测宜采用监测结构振动的方法,发生撞击后应进行专项分析。撞击事故发生时,可对结构瞬时加速度进行监测,确定撞击力度和损坏程度。

防撞监测宜实行防撞主动预警。主动监测预警可采用视频监控、红外感应等方式进行,视频监控设备应可自动识别船舶或漂浮物,出现特殊状况时,防撞系统能自动发射预警信号,进而采取有效措施。

监测设备数量及布设位置应综合考虑易遭受撞击部位、力与位移敏感部位等因素。易遭受撞击部位可根据桥址处的水位线、航道通行要求等因素综合考虑;力与位移较敏感部位可由易损性分析确定。

4)温度监测

温度监测包括结构及其环境温度监测。结构温度监测一般包括桥墩、桥台等下部结构温度,主梁、主拱等上部结构温度,主缆、斜拉索等温度。

温度监测宜选用监测范围大、线性化及稳定性好的传感器。

①监测环境温度的传感器,量程宜超出年极值最高温度+20 ℃和年极值最低温度−20 ℃,且精度不宜低于±0.5 ℃,分辨率不宜低于0.1 ℃。

②监测结构表面温度的传感器,量程宜超出年极值最高温度+50 ℃和年极值最低温度−20 ℃。

③监测结构表面和内部温度传感器精度不宜低于±0.2 ℃,分辨率不宜低于0.1 ℃。

结构温度监测频率与应力、索力、变形等参数监测保持一致。

环境温度监测应将传感器安装于结构表面,置于大气中以获得有代表性的温度值;可将传感器放置于桥塔塔顶或主梁表面等与空气充分接触的部位。

5)湿度监测

湿度监测是对桥梁结构环境湿度进行监测。

湿度监测宜选用响应时间短、湿度系数小、稳定性好以及湿滞后作用低的传感器。

环境湿度监测应符合下列基本要求:

①采用相对湿度表示,湿度计监测范围应为0～100% RH(非凝露)。

②测点布置在结构内湿度变化大、对结构耐久性影响大的部位。

③长期湿度监测时,结果应包括日平均湿度、日最高湿度和日最低湿度。

另外,单体桥梁湿度测点不宜少于两个,宜布设于桥梁结构内外湿度变化较大和对湿度敏感的桥梁结构内部或外部;钢结构应布设湿度测点,测点位置宜选择在桥面上、钢箱梁内、斜拉索锚固区、锚室和主缆。

6）风监测

对风敏感的桥梁宜进行风监测，监测参数主要包括风压、风速、风向、风致振动响应。

风监测应符合下列基本要求：

①风压传感器安装应避免对轨道交通桥梁结构外立面的影响，并采取有效保护措施。风压传感器可安装于梁体外表面，应使气嘴与桥面平行，风向正对皮托管测压孔。皮托管安装应有固定支架，防止皮托管振动。

②机械式风速测试装置和超声式风速测试装置宜成对设置，且应安装在结构绕流影响区域以外。风速仪应安装在专用支架上，支架应具有足够的刚度与强度，且伸出主体结构边缘不少于 5 m。

③风致振动响应监测参数包括顺风向响应、横风向响应和扭转响应，宜对不同方向的风致振动响应进行量测。

风监测传感器应布设于桥梁结构各个方向无遮挡的桥梁构件位置处。由于风向没有固定性，监测点位置应较全面覆盖，且要排除其他建筑物或结构的阻挡。

7）振动监测

振动监测分为振动响应监测和振动激励监测，主要监测参数为加速度、速度、位移及应变。振动响应监测是在荷载作用下结构的动力响应特性；振动激励监测是结构在振动作用下的幅频特性和相频特性。

振动监测前，宜进行结构动力特性测试。振动加速度及速度监测适用于固有频率高、位移幅值小的结构。振动位移测点应布置在振动荷载作用下结构位移变化最显著且易于稳固安装监测传感器、方便测量的位置。

振动应变传感器宜先进行标定。

8）变形监测

变形监测包括水平位移监测、垂直位移监测、三维位移监测和特殊位移监测。

变形监测采用的平面坐标系统和高程系统应与施工采用的系统一致。局部相对变形测量可不建立基准网，但应考虑结构整体变形对监测结果的影响。

三维位移监测可选择下列方法：

①全站仪等光学仪器法、全球导航卫星系统（GNSS）、摄影监测法直接监测。

②分别监测测点的竖向位移、2 个相互垂直的水平位移，合成测点的三维位移。

进行倾斜和挠度监测时，除符合现行国家相关标准外，还需符合下列基本要求：

①重要构件的倾斜监测宜采用倾斜传感器，传感器可选固定式或便携式。

②倾斜和挠度监测频次应根据倾斜或挠度变化速度确定，宜与水平位移监测频次及垂直位移监测频次相协调。

监测标志应设置合理、稳定牢固,便于观测、保护。

9)转角监测

城市轨道交通桥梁结构桥塔、梁端等重要构件,宜进行转角监测。

转角监测的主要参数为竖向转角、正负转角,分为恒载作用产生的总体转角和移动荷载产生的局部转角,宜与位移监测频率同步。

10)应力应变监测

应力应变监测宜采用直接监测方法,在结构表面或内部无法安装应变监测元件时,可采用间接监测方法。直接监测方法,可选用电阻应变计、振弦式应变计、光纤光栅应变计等应变监测元件进行监测;间接监测方法,可用位移传感器等位移计构成的装置进行监测。

应力应变传感器选型应满足以下基本要求:

①量程与测量范围相适应。应变测量的精度应小于满量程的 0.5% ,监测值宜控制在满量程的 30% ~ 80% 。

②标距选择应适宜。混凝土构件宜选择大标距的传感器;在应力集中区域等应变梯度较大的测试中,宜选用标距较小的传感器。

③具有温度补偿功能。

选择合适方式进行传感器安装,安装应符合下列基本要求:

①安装前检查传感器的有效性,保证可正常工作。

②应变计安装方向应与结构受力方向相同,偏离监测截面位置不应大于 30 mm,且安装角度偏差不应大于 2°。

③传感器导线分类集中布设,做好标识及防护。

④安装完毕,对传感器及导线进行全面检查,满足要求后方可使用,并进行初始值测试、调试。

⑤根据实际需要确定是否安装传感器保护罩。

采用合适的方法处理应变监测数据:使用电阻应变计时,应对实测应变值进行导线电阻修正;使用光纤光栅应变计及振弦式应变计测量时,应按标定系数进行换算。

11)索(吊杆)力监测

索(吊杆)力监测对象的选择,应符合下列基本要求:

①每种规格型号中选取代表性的索。

②选取索力最大的索、应力幅最大的索及安全系数最小的索。

③测点布置兼顾上游、下游、中跨、边跨。

对吊杆、吊索、斜拉索及主缆索力进行索力监测,选择方法应符合下列基本要求:

①振动频率法。监测精度宜为满量程的 5.0% ;加速度传感器频响范围应覆盖索体振动基频,以实测频率推算索力时,应将拉索及拉索两端弹性支承结构体整体建模

共同分析；加速度传感器布设位置距支座距离应不小于索长的 17% 。

②压力传感器测定法。监测精度宜为满量程的 3% ；安装应确保压力传感器呈同心状态。

③磁通量法。磁通量传感器应与索体一起标定后使用，不同索体材料、不同索截面尺寸应分别进行标定；磁通量传感器穿过索体安装完成后，应与索体可靠连接，防止在吊装或施工过程中滑动移位。

④直径不大于 36 mm 索体索力可采用三点弯曲法测试。

以上方法宜以一天中日照温差最小的清晨日出之前或晚上的索力监测数据进行分析，并考虑当时的温度、湿度、风速等因素。

12）裂缝监测

裂缝监测宜采用检测与监测方法独立或互相结合的方式进行。

裂缝监测参数包括裂缝长度、宽度和深度。监测时宜符合下列基本要求：

①裂缝长度和较大裂缝宽度可采用钢尺或机械式测试仪器测量。

②宽度 1 mm 以下或混凝土内部裂缝，可采用电测仪器测量，精确至 0.10 mm。

③裂缝深度测试，可采用电测仪器专门进行。

监测裂缝两侧两点位移变化时，宜采用结构裂缝监测传感器，其量程应大于裂缝宽度限制，量测方向应与裂缝走向垂直；对于长期定点监测并记录不易接触结构位置的裂缝变化情况，应记录一定时间的变化过程以及外界温度的变化值，以清晰地反映裂缝变化趋势。

13）支座变位及反力监测

可能出现横向失稳、易发生倾覆破坏、基础易发生沉降、采用压重设计的桥梁宜布置支座位移监测设备。

采用位移监测设备监测支座位移时，传感器测量方向应平行于支座反力方向。

支座反力监测可采用测力支座，且具备可换性。

测力支座安装后不应改变桥面标高，不应改变桥梁与支座接触方式和接触面积。

从前述分析可以看出，安全监测项目种类较多，涉及荷载与环境（移动荷载、地震等）、结构整体响应（振动、变形等）、结构局部响应（应力、裂缝等）三个层次的内容，且同一监测项目常有多种监测方法，应结合工程结构特点选择适宜方法。

安全监测项目的作用是绝对的，而针对不同的大跨度轨道桥梁，某一确定的安全监测项目的重要性是相对的，可能是必要的，也可能是非必要的，因此，须结合大跨度轨道桥梁具体受力特点、桥址环境、荷载因素等，选择适宜的监测项目与方法。依据大跨度轨道桥梁结构类型，以宜监测、可监测、不监测为标准，给出不同类型大跨度轨道桥梁安全监测建议的项目，具体见表 2.6。

表 2.6　不同类型大跨度轨道桥梁安全监测项目建议

监测项目		梁桥	拱桥	斜拉桥	悬索桥
荷载与环境监测	移动荷载	▲	▲	▲	▲
	地震	▲	▲	▲	▲
	撞击	▲	▲	▲	▲
	温度	★	★	★	★
	湿度	▲	▲	▲	▲
	风	▲	▲	★	★
结构整体响应监测	振动	★	★	★	★
	变形	★	★	★	★
	转角	★	★	★	★
结构局部响应监测	应力	★	★	★	★
	索(吊杆)力	○	★	★	★
	裂缝	★	★	★	★
	支座变位及反力	▲	▲	▲	▲

注:★代表宜监测项;▲代表可监测项;○代表不监测项。

2.3.3　安全状态评价

依据安全监测信息对结构安全状态实时作出判断,可采用基于包络理论的评价方法。数据包络分析(Data envelopment analysis,DEA)作为一种可靠的数学分析手段,无须任何权重假设,具有客观性强的特点,用于大跨度轨道桥梁结构安全状态评价,可检验结构抵抗荷载效应的能力。安全状态评价具体思路:依据安全监测信息,提取表征结构状态的荷载效应变化特征指标,与对应结构物理参数限定极值所组成的包络区间进行比较,实现结构状态的评价。

现行工程结构设计规范中以弹塑性理论为基础的承载能力极限状态计算原则:荷载效应不利组合的设计值,必须小于或等于结构抗力的设计值。根据计算原则,以内力包络图与抵抗内力图的相对位置关系作为安全评价的依据,即结构恒载与荷载共同作用下各截面最大、最小内力,与对应截面抵抗内力相比较。实时内力图所反映的各截面内力值在桥梁结构抵抗内力图范围内,则桥梁处于安全运营状态;反之,则桥梁处于非安全运营状态。

基于此,通过对运营阶段列车荷载产生的结构应力或索(吊杆)力监测值与理论计算值对比分析,进行大跨度轨道桥梁安全状态评价。

当监测数据满足式(2.2)时,说明结构应力或索(吊杆)力处于正常状态:

$$|S_\sigma| \leq K|M_\sigma| \tag{2.2}$$

当监测数据满足式(2.3)时,应进行预警,并进行专项分析:

$$|S_\sigma| > K|M_\sigma| \tag{2.3}$$

式中　S_σ——应力或索(吊杆)力监测值,$S_\sigma = \{S_{\sigma i}\}$($i = 1, 2, \cdots, n$);

　　　M_σ——与应力或索(吊杆)力监测值对应的理论计算值,$M_\sigma = \{M_{\sigma i}\}$($i = 1, 2, \cdots, n$);

　　　K——应力或索(吊杆)力理论计算值折减系数,可参考表2.7进行取值。

表 2.7　折减系数 K 值表

类型	K 值
混凝土桥梁应力	0.90 ~ 1.00
钢结构桥梁应力	0.95 ~ 1.05
索(吊杆)力	0.95 ~ 1.05

通过对运营阶段列车荷载产生的变形监测值与对应理论计算值对比分析,进行大跨度轨道桥梁安全状态评价:

当监测数据满足式(2.4)时,说明结构变形(位移)处于正常状态:

$$f_S \leq f_M \tag{2.4}$$

当监测数据满足式(2.5)时,应进行预警,并进行专项分析:

$$f_S > f_M \tag{2.5}$$

式中　f_S——变形(位移)监测值,$f_S = \{f_{si}\}$($i = 1, 2, \cdots, n$);

　　　f_M——与变形(位移)监测值对应的理论计算值,$f_M = \{f_{Mi}\}$($i = 1, 2, \cdots, n$)。

当安全监测获取的监测值为施工阶段和运营阶段总应力或总索(吊杆)力时,按照如下方法进行大跨度轨道桥梁安全状态评价:

当监测数据满足式(2.6)时,说明结构总应力或总索(吊杆)力处于正常状态:

$$Z_\sigma \leq [\sigma] \tag{2.6}$$

当监测数据满足式(2.7)时,应进行预警,并进行专项分析:

$$Z_\sigma > [\sigma] \tag{2.7}$$

式中　Z_σ——总应力或总索(吊杆)力,$Z_\sigma = \{Z_{\sigma i}\}$($i = 1, 2, \cdots, n$);

　　　σ——与总应力或总索(吊杆)力对应的容许应力或容许索(吊杆)力。

对于布设安全监测系统的桥梁,长期运营过程中会产生大量的实测数据,采用合理的方法有效利用这些数据,可为结构性能评价和预测分析提供科学依据。例如,基于可靠度理论的结构性态分析,根据获取的结构响应信息,采用合理的统计分析方法来实现。此外,借助安全监测信息与有限元分析方法,可进行桥梁状态预测分析。

2.3.4　运营性能评价

在运营维护阶段,由于混凝土收缩徐变、材料变异、基础不均匀沉降等因素影响,桥梁会出现不可恢复性的永久变形,进而直接影响运营性能,在轨道桥梁中尤为明显。由于城市轨道交通桥梁一般采用无砟轨道,主梁的不可恢复性变形只能通过扣件调整以维持轨道几何形状,但是扣件的可调节范围极其有限,难以保证无砟轨道的平顺性,严重威胁运营期间的运行舒适性和安全性。

对大跨度轨道桥进行运营性能分析,可采用车桥耦合振动分析技术手段,从列车运行舒适性和安全性入手。其中,运行舒适性以指标竖向加速度、横向加速度和Sperling 指数进行表征,运行安全性以指标脱轨系数、轮重减载率和轮对横向力进行表征。

1)车桥耦合振动分析理论模型

(1)列车与桥梁分析模型

轨道列车包括四轴车、六轴车等,以两系四轴车为例建立空间振动模型(图 2.9),进行大跨度轨道桥梁列车分析时,可采用如下假定:

①列车、转向架和轮对为刚体,均视为作微振动。

②不计入列车纵向振动与列车速度的影响。

③忽略列车对桥梁振动与列车速度的影响。

④弹簧均视为线性。

⑤沿竖直方向,钢轨与轮对的竖向位移保持一致。

⑥不考虑构架点头运动、轮对侧滚运动和摇头运动。

列车采用质点-弹簧-阻尼器模型。列车共分为 7 个刚体(包括 1 个车体、2 个转向架、4 个轮对),每个刚体在空间内共有 6 个自由度,如图 2.9 所示。其中,坐标原点 O 为刚体质心。

桥梁结构可以被离散成三维空间有限元模型,常用的单元类型主要为空间梁单元。各空间梁单元的刚度矩阵、质量矩阵、位移向量按照相应自由度分别向整体坐标系下桥梁各矩阵叠加输入,最终得到桥梁子系统的运动方程:

$$\boldsymbol{M}_b\ddot{X}_b + \boldsymbol{C}_b\dot{X}_b + \boldsymbol{K}_bX_b = F_b \tag{2.8}$$

式中　$\boldsymbol{M}_b$——桥梁子系统的总体质量矩阵;

　　　$\boldsymbol{K}_b$——总体刚度矩阵;

　　　$\boldsymbol{C}_b$——桥梁子系统总体阻尼矩阵;

　　　$\ddot{X}_b$、$\dot{X}_b$、X_b——分别为桥梁的加速度、速度及位移。

$\boldsymbol{M}_b$、$\boldsymbol{K}_b$ 通常采用有限元方法建立,$\boldsymbol{C}_b$ 一般按 Rayleigh 阻尼确定:

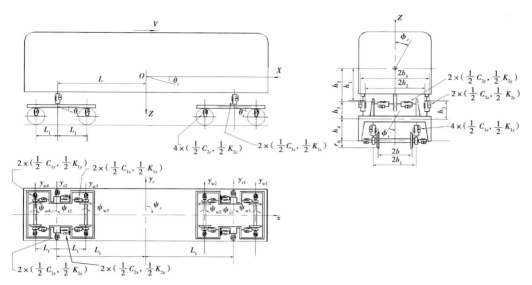

图 2.9　两系四轴车空间模型

$$C_b = \frac{2\xi\omega_1\omega_2}{\omega_1 + \omega_2}M_b + \frac{2\xi}{\omega_1 + \omega_2}K_b \tag{2.9}$$

式中　　xx——阻尼比,一般情况下,钢桥取 0.5% ~ 1.5%,钢-混凝土结合梁桥取 1.5% ~ 2.0%,混凝土桥取 2.0% ~ 3.0%,有试验数据时按实测值取值;

　　　　w_1、w_2——一般取前两阶整体振型相应的圆频率。

（2）列车-桥梁相互作用分析模型

依据 D'Alembert 和 Halmilton 原理,可分别建立列车与桥梁运动方程,如下:

$$M_v\ddot{u}_v + C_v\ddot{u}_v + K_vu_v = F_{bv} \tag{2.10}$$

$$M_b\ddot{u}_b + C_b\ddot{u}_b + K_bu_b = F_{vb} \tag{2.11}$$

式中　　$\ddot{u}_v$、$\ddot{u}_b$——列车和桥梁加速度;

　　　　$\ddot{u}_v$、$\ddot{u}_b$——列车和桥梁速度;

　　　　u_v、u_b——列车和桥梁位移;

　　　　M_v、M_b——列车和桥梁子系统质量矩阵;

　　　　C_v、C_b——列车和桥梁子系统阻尼矩阵;

　　　　K_v、K_b——列车和桥梁子系统刚度矩阵;

　　　　F_{bv}、F_{vb}——荷载向量,轮—轨相互作用力矩阵,大小相等、方向相反。

（3）轨道不平顺分析模型

垂向不平顺:

$$S_v(\Omega) = \frac{KA_v\Omega_c^2}{\Omega^2(\Omega^2 + \Omega_c^2)} \tag{2.12}$$

方向不平顺：

$$S_a(\Omega) = \frac{KA_a\Omega_c^2}{\Omega^2(\Omega^2 + \Omega_c^2)} \tag{2.13}$$

水平和轨距不平顺：

$$S_c(\Omega) = S_g(\Omega) = \frac{4KA_v\Omega_c^2}{(\Omega^2 + \Omega_c^2)(\Omega^2 + \Omega_s^2)} \tag{2.14}$$

式中　$S(\Omega)$——轨道不平顺功率谱密度；

　　　Ω——空间频率；

　　　Ω_c、Ω_s——截断频率；

　　　A_v、A_a——粗糙度系数；

　　　K——系数，式中 $K = 0.25$。

2）列车运行舒适性

列车运行舒适性是衡量列车运营性能的重要指标，是评定乘客舒适度的主要依据，它反映了列车振动对乘客舒适程度的影响。在车桥耦合振动分析中，运行舒适性也是判定桥梁刚度能否满足要求的一个重要指标，通常用列车加速度（包括列车竖向加速度与列车横向加速度）和 Sperling 指数等指标来评定。

（1）列车加速度

国内外列车加速度控制限值规定见表2.8。

表2.8　国内外列车加速度控制限值规定

国家(地区)/规范		加速度要求	
中国	《城市轨道交通桥梁设计规范》(GB/T 51234—2017)	跨度大于 100 m 的轨道桥梁	竖向加速度：$a_z \leqslant 0.13g$（半峰值） 横向加速度：$a_y \leqslant 0.10g$（半峰值）
	《地铁设计规范》(GB 50157—2013)		
	《机车车辆动力学性能评定及试验鉴定规范》(GB/T 5599—2019)	客车、动车组	竖向加速度：$a_z \leqslant 2.5$ m/s² 横向加速度：$a_y \leqslant 2.5$ m/s²
		机车	竖向加速度：$a_z \leqslant 3.5$ m/s² 横向加速度：$a_y \leqslant 2.5$ m/s²
		货车	竖向加速度：$a_z \leqslant 5.0$ m/s² 横向加速度：$a_y \leqslant 3.0$ m/s²
	《高速试验列车动力车强度及动力学性能规范(95J01-L)》	最大振动加速度 A_{max}（m/s²）（$A_{max} = \overline{A} + \sigma_a$，$\overline{A}$、$\sigma_a$ 分别为加速度所有峰值绝对值的平均值和均方差）	竖向加速度：$A(z)_{max} \leqslant 2.45$ m/s² 横向加速度：$A(y)_{max} \leqslant 1.47$ m/s²

续表

国家(地区)/规范		加速度要求	
欧洲	EUROCODE	客车竖向加速度 (cm/s²)	小于100;评价等级:优秀 小于130;评价等级:良好 小于200;评价等级:合格

（2）Sperling 指数

运行舒适性综合反映了乘客在列车运行过程中的疲劳程度,评定的方式包括 Sperling 指数、Dikman 指标、Janeway 指标、UIC 评定指标等。其中,Sperling 指数比较常用。

用于列车运行品质评定,基本公式为:

$$W = 0.896 \sqrt[10]{\alpha^3/f} \tag{2.15}$$

用于乘坐舒适性评定,基本公式为:

$$W = 0.896 \sqrt[10]{F(f) \cdot \alpha^3/f} \tag{2.16}$$

式中 W——平稳性系数,W 取值对应的列车运行品质和乘坐舒适性见表2.9;

α——振动加速度峰值,单位为 cm/s²,当 α 的单位为 g(g=9.81m/s²)时,式中系数修改为 7.08,当 α 为均方根值并且单位为 g 时,式中系数修改为 7.85;

f——振动频率,Hz;

$F(f)$——频率修正系数,以反映乘客对不同频率振动的敏感性,计算表达式可采用:

竖向振动:

$$F(f) = 400/f^2 \qquad 5.9 < f < 20 \tag{2.17}$$

横向振动:

$$F(f) = 650/f^2 \qquad 5.4 < f < 26 \tag{2.18}$$

表2.9 Sperling 指数评定等级

W 值	列车运行品质	W 值	乘坐舒适性
1	优	1	刚能感觉
2	良好	2	明显感觉
3	可以满足	2.5	更明显,但并无不快
4	允许运行	3	强烈,不正常,但还能忍受
4.5	不允许运行	3.25	很不正常
5	危险	3.5	极不正常,可厌,烦恼,不能长时间忍受
		4	极可厌,长时承受有害

由于列车是随机振动的,振动加速度和振动频率在时刻变化,故在计算平稳性系数 W 值时,应结合振动加速度和频率进行计算,表达式为:

$$W = \sqrt[10]{W_1^{10} + W_2^{10} + \cdots + W_n^{10}} \qquad (2.19)$$

式中　n——整个波形的分布总数。

国内规范关于舒适度评定见表2.10。

表2.10　舒适度评定

规范	评定方法		
		计算表达式	乘坐舒适度评定
《高速试验列车客车强度及动力学性能规范》(95J01-M)	规定:乘坐舒适性指标推荐使用乘坐舒适度	$N = \sqrt{(\alpha_{XP95}^{W_d})^2 + (\alpha_{XP95}^{W_d})^2 + (\alpha_{XP95}^{W_b})^2}$　N——舒适度指标　α——加速度均方根值　W_d、W_b——与按加权曲线 d、b 的频率加权值有关	$N<1$ 非常舒适　$1\leq N<2$ 舒适　$2\leq N<4$ 还算舒适　$4\leq N<5$ 不舒适　$N\geq5$ 非常不舒适
《机车车辆动力学性能评定及试验鉴定规范》(GB/T 5599—2019)	平稳性系数 W 控制限值	客车、动车组	≤2.50(优),(2.50,2.75](良好),(2.75,3.00](合格)
		机车	≤2.75(优),(2.75,3.10](良好),(3.10,3.45](合格)
		货车	≤3.50(优),(3.50,4.00](良好),(4.00,4.25](合格)

3)列车运行安全性

列车运行安全性主要涉及列车脱轨、倾覆等危及运行安全的问题,可采用脱轨系数、轮重减载率和轮轴横向力等指标来评定。

(1)脱轨系数

列车行驶过程中存在脱轨可能性,为评定防止车轮脱轨稳定性,用脱轨系数来描述,其基本概念为列车轮对一侧车轮横向力与一侧车轮垂直力之比,计算公式为:

$$\frac{Q}{P} = \frac{\tan\alpha - \mu}{1 + \mu \cdot \tan\alpha} \qquad (2.20)$$

式中　Q——列车轮对一侧车轮横向力;

　　　P——列车轮对一侧车轮垂直力;

　　　μ——轮缘处的摩擦系数;

　　　α——最大轮缘接触角。

脱轨系数越大越容易脱轨,各国对脱轨安全性控制进行了规定,但存在一定的差异性,见表 2.11。

表 2.11　国内外关于脱轨系数控制限值的规定

国家(地区)/规范		脱轨系数控制限值		
中国	《机车车辆动力学性能评定及试验鉴定规范》(GB/T 5599—2019)	车种	线路曲线半径 R	
			250 m≤R≤400 m	R>400 m
		客车、动车组	安全控制限值:1.0	安全控制限值:0.8
		机车	安全控制限值:0.9	安全控制限值:0.8
		货车	安全控制限值:1.2	安全控制限值:1.0
	《城市轨道交通桥梁设计规范》(GB/T 51234—2017)	跨度大于 100 m 的桥梁宜按实际运营列车进行车桥系统耦合振动分析检算,脱轨系数满足:Q/P≤0.3		
	《地铁设计规范》(GB 50157—2013)	跨度大于 100 m 的桥梁宜按实际运营列车进行车桥系统耦合振动分析检算,脱轨系数满足:Q/P≤0.3		
日本(日本新干线)		安全控制限值:0.8~1.0		
德国		安全控制限值:0.8		
北美		安全控制限值:1.0		
国际铁路联盟 UIC		安全控制限值:1.2		

(2)轮重减载率

轮重减载率是用于衡量车轮脱轨的安全性指标,指一侧车轮轮重减载量(ΔP)与车轮的平均轮重($\overline{P}$)之比,记为 $\Delta P/\overline{P}$。依据日本新干线现场试验结果,轮重减载率较大时,相对于脱轨系数较大时,更容易发生脱轨。列车在桥上运行,轮重减载率较大时,轮轨横向力较小,轨道随桥梁一起横向振动,导致轮轨间相对横向位移增大,发生脱轨的概率增大。因此,轮重减载率对列车运行安全性的评定具有重要作用,但不同国家的控制限值规定不尽相同,见表 2.12。

表 2.12　国内外关于轮重减载率的控制限值规定

国家(地区)/规范		轮重减载率控制限值
中国	《机车车辆动力学性能评定及试验鉴定规范》(GB/T 5599—2019)	当试验速度 V≤160 km/h 时,$\Delta P/\overline{P}$≤0.65
		当试验速度 V>160 km/h 时,$\Delta P/\overline{P}$≤0.80
	《城市轨道交通桥梁设计规范》(GB/T 51234—2017)	$\Delta P/\overline{P}$≤0.6
	《地铁设计规范》(GB 50157—2013)	$\Delta P/\overline{P}$≤0.6

续表

国家(地区)/规范		轮重减载率控制限值
中国	秦沈客运专线车桥动力分析	$\Delta P/\overline{P}\leqslant0.6$
	《新建时速300~350公里客运专线铁路设计暂行规定(上)》(铁建设〔2007〕47号)	$\Delta P/\overline{P}\leqslant0.6$
日本(日本新干线)		0.6~0.8
德国		0.9
北美		0.9

(3)轮轴横向力

我国相关规范关于轮轴横向力的控制限值规定见表2.13。

表2.13 轮轴横向力控制限值规定

规范	控制限值	适用条件
《机车车辆动力学性能评定及试验鉴定规范》(GB/T 5599—2019)	$H<15+\dfrac{1}{3}P_0$	过大的横向力使轨距扩大或线路严重变形
《新建时速300~350公里客运专线铁路设计暂行规定(上)》(铁建设〔2007〕47号)	$H< 80\ \text{kN}$	—

注:P_0为静轴重,单位为kN。

综上,采用车桥耦合振动分析对大跨度轨道桥梁进行运营性能分析时,评价标准可参考表2.14。

表2.14 大跨度轨道桥梁运营性能评价标准

指标		限定标准
舒适性	竖向加速度(m/s^2)	1.5
	横向加速度(m/s^2)	1.8
	Sperling指数	<2.5(优秀),[2.5,2.75](良好),(2.75,3](合格)
安全性	脱轨系数Q/P	0.8
	轮重减载$\Delta P/\overline{P}$	0.6
	轮对横向力(kN)	80

2.4 本章小结

本章针对大跨度轨道桥梁运维状态感知适用性方法匮乏、结构状态难以界定的问题,提出了人工检查与安全监测相结合的状态感知方法。

①明确了针对大跨度轨道桥梁的人工检查方法,应由日常巡查、定期检查、专项检查组成,并从检查对象与内容、检查频次、检查结果等方面展开了阐述。结合多指标分层次加权法,论述分析了大跨度轨道桥梁技术状况评价方法。

②提出了面向大跨度轨道桥梁的安全监测方法,从安全监测系统架构、安全监测项目与方法的角度进行了剖析,运用数据包络分析方法给出了应力、索(吊杆)力、变形(位移)的安全状态判别公式,基于列车运行安全性、舒适性指标,明确了运营性能评价方法,完成了综合考虑安全状态评价与运营性能评价的大跨度轨道桥梁运维状态实时评价体系构建。

③综合人工检查与安全监测方法,揭示了运维响应信息与结构工作状态的内在联系,实现大跨度轨道桥梁结构运维状态合理、高效感知,构建了大跨度轨道桥梁运维状态全方位评价体系。

第3章 山地城市大跨度轨道桥梁线形演化与控制分析

3.1 概述

城市轨道交通运量大、运行频率高,且针对大跨度轨道桥梁,由于宽度窄,结构刚度相对较低,荷载响应非常明显,故线形要求极为严格。然而,影响线形的因素众多,机理复杂,目前尚有大量科学问题仍未解决,导致线形演化不清晰、线形控制缺乏有效理论和技术支撑。基于此,首先需明确线形影响因素,其次对线形演化分析方法、线形演化对结构性能影响等方面进行深入研究,阐明线形演化分析理论,然后依据线形演化与控制方法的关系,进行线形控制分析。

本章主要对大跨度轨道桥梁线形演化影响因素进行理论分析,阐述基于模型试验的线形演化分析方法,提出采用考虑参数随机性影响的 MC-RSM 不确定性分析方法分析线形演化规律,使线形演化对桥梁状态与运营性能的影响更加明晰,论述基于预拱度设计分析与基于运营性能分析的分析控制方法。

3.2 线形演化机理分析

大跨度轨道桥梁在混凝土收缩徐变、预应力损失、斜拉索损伤、材料变异、基础不均匀沉降、疲劳荷载反复作用、混凝土开裂等因素的影响下,结构线形出现持续演化,且呈现出不可恢复性特征,即产生了永久性变形,且直接影响到轨道不平顺,威胁着列车运行的舒适性和运行安全性。

1) 混凝土收缩徐变

混凝土收缩会使桥梁结构局部产生收缩裂缝,进而导致结构整体轴线方向的缩短或者改变轴线曲率,对桥梁线形下挠产生一定影响,尤其是当受压区混凝土收缩比受拉区大时,下挠较为明显,加大了永久性变形。混凝土徐变主要控制着桥梁的长期挠度和反拱,是桥梁出现永久性变形的重要原因之一。徐变主要发生在混凝土浇筑后的几个月内,之后的徐变影响较小,随着时间的累积,主梁混凝土还存在一定的徐变,在长期荷载作用下,主梁可能会继续下挠,但速度十分缓慢并逐渐趋于稳定。混凝土收缩和徐变发生的原因不同,但二者由很多共同的基本因素决定,在桥梁结构中,收缩变形和徐变变形在发生时间上有很多重叠部分,故一般将两者的变形综合在一起来考虑。

2) 预应力损失

在混凝土收缩徐变、温度、活载等因素的影响下,桥梁可能存在一定程度的预应力损失。预应力损失对桥梁后期挠度有显著的影响,随着运营时间的持续,混凝土收缩徐变引起的损失和预应力钢筋松弛损失会逐渐增大,并且相互影响,即混凝土收缩徐变会使预应力钢筋松弛损失加大,而预应力钢筋松弛又会对结构性能发生改变,尤其是产生永久性变形,会进一步影响混凝土收缩徐变。

3) 斜拉索损伤

根据斜拉索使用状况,斜拉索的损伤主要包括原始缺陷(包括材质缺陷、钢丝破裂、锈斑、局部疵点等)、索股截面减小(由外部腐蚀、内部磨损等因素导致)、疲劳损伤(由列车、风、地震等荷载因素引起)三种类型。由于损伤的存在,斜拉索原有受力性能会发生变化,作为超静定结构,以前分配合理的索力将会重新分配,进而斜拉桥的主梁线形也将发生改变。

4) 材料变异

斜拉桥主梁、桥塔和斜拉索面积的变异会导致主梁出现下挠,尤其是运营初期,在荷载作用下,由于混凝土弹性模量随时间变化等因素的影响,主梁下挠趋势明显,随着运营时间的持续,这种趋势会逐渐趋于稳定。

5) 基础不均匀沉降

斜拉桥桥塔基础、桥墩基础等,会在不同程度上发生不均匀沉降,这种病害的出现,会引起全桥结构内力发生变化,进而导致桥梁线形发生改变。

6) 其他因素

疲劳荷载反复作用、混凝土开裂等因素也会引起主梁线形变化,如在疲劳荷载反复作用下,主梁出现持续下挠,而且列车荷载越大,线形变化越明显;当主梁出现开裂现象,不论是斜裂缝还是垂直裂缝,都会导致主梁刚度降低,线形变化加大,尤其是存在较严重的斜裂缝和垂直裂缝时,主梁下挠愈加明显。

3.3 基于模型试验的线形演化分析

线形演化机理复杂,影响因素众多,尽管已有一些影响因素的预测模式,但还没有实现对桥梁线形演化的准确分析,尤其是在多因素耦合作用下。模型试验作为土木工程领域最重要的研究手段之一,在长期性能研究方面占据重要地位,因此可采用试验的方式,对线形演化进行长期深入分析,即在获取材料基本力学性能测试的基础上,通过实验室标准环境条件下的试件全过程变化模拟工程结构的受力状态与变形特征等,揭示研究者们关注的线形演化规律。

1)基于相似理论的结构模型试验

结构模型试验是以相似理论为基础,要求试验模型与原型之间存在一定的相似关系,实现模型试验结果推算出原型结构的相应结果,准确地反映原型结构的受力状态。体现这一相似关系的是原型结构和试验模型之间。在相对应的时间瞬间,各对应点的各个物理量之间的比例关系,称为相似常数。相似定理主要包括相似第一定理、相似第二定理和相似第三定理。

结构模型试验,一般是针对复杂研究以及无法构建表示物理过程表达式的问题。因此,采用量纲分析法,依据量纲和谐原理,可推导出原型和模型之间物理量的相似关系,见表3.1。

表3.1 模型试验中原型与模型的相似关系

物理量	原型	模型
长度	l_p	$l_m = l_p \cdot (1/n)$
截面积	A_p	$A_m = A_p \cdot (E_p/E_m)(1/mn^2)$
截面抗弯惯性矩	I_p	$I_m = I_p \cdot (E_p/E_m)(1/mn^4)$
截面抗扭惯性矩	J_p	$J_m = J_p \cdot (E_p/E_m)(1/mn^4)$
弹性模量	E_p	E_m
应力	σ_p	$\sigma_m = \sigma_p \cdot (E_p/E_m)$
线位移	δ_p	$\delta_m = \delta_p \cdot (1/n)$

续表

物理量	原型	模型
重量	W_p	$W_m = W_p \cdot (1/mn^2)$
集中荷载	F_p	$F_m = F_p \cdot (1/mn^2)$
剪力	Q_p	$Q_m = Q_p \cdot (1/mn^2)$
反力	R_p	$R_m = R_p \cdot (1/mn^2)$
弯矩	M_p	$M_m = M_p \cdot (1/mn^3)$
线荷载集度	q_p	$q_m = q_p \cdot (1/mn)$
分布面荷载集度	p_p	$p_m = p_p \cdot (1/m)$

在结构模型试验中,模型和原型相似的要求主要包括几何相似、物理参数相似、边界条件相似、初始条件相似和时间相似。

2)模型设计

模型设计主要包括材料选择、模型制作、荷载施加、测量方法等方面,根据具体的试验需求、试验环境等,进一步明确与优化模型设计。为便于阐述分析方法,现以主跨250 m 的预应力混凝土箱梁斜拉桥为工程实例,简述模型设计与结果分析。

(1)材料选择

依据材料力学性能相似,考虑材料强度和刚度、加工制作难度、测试设备安装等因素,大节段模型选择与背景工程相同或一定程度相似的材料,包括混凝土、钢筋、预应力钢筋等。

(2)模型制作

依据几何相似,考虑预应力张拉、模型制作、测量精度、试验条件等因素,大节段模型缩尺比例采用 1∶4,即几何相似常数:

$$S_l = \frac{1}{4} \tag{3.1}$$

因此,依据几何相似条件,由工程基本信息(13#节段、14#节段、15#节段),即可确定大节段模型尺寸、截面配筋、预应力布置等,从而实现模型的制作,并依据模型实际,采用 Midas/Civil 进行有限元模拟,如图 3.1—图 3.4 所示。

(3)荷载施加

根据荷载相似条件,确定荷载的大小。其中,预应力钢筋采用无黏结钢绞线,按单端张拉的形式,张拉分五级,每级为控制张拉力的 20% 。

图 3.1　大节段模型立面图(单位：cm)

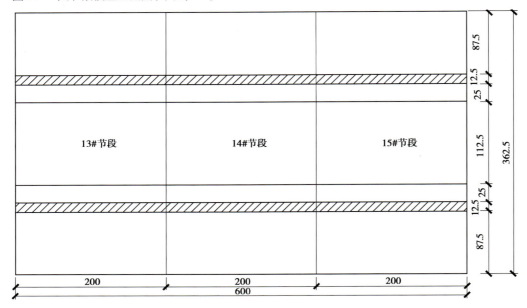

图 3.2　大节段模型平面图(单位：cm)

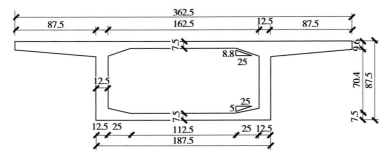

图 3.3　大节段模型剖面图(单位：cm)

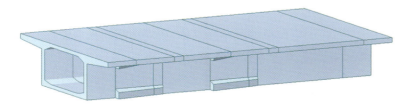

图 3.4　大节段模型有限元模拟

（4）测量方式

在大节段模型的二分点截面底缘位置布设千分表,每个截面沿横向布置 3 个,进行竖向变形测试。此外,在大节段模型的二分点截面和端部截面位置,均布设振弦式应变传感器（含温度测试功能）,每个截面 6 支（顶板 3 支,底板 3 支）,在测量变形、应变、温度等参数时,采用温湿度计测量对应的环境温度和湿度。

图 3.5　钢筋绑扎与模板制作

图 3.6　混凝土养护与测量设备布置

3）试验结果与分析

大节段模型混凝土浇筑完毕,按要求实施养护,到达龄期后,施加荷载（如张拉预应力）,及时安装千分表。以荷载施加完毕阶段为初始时刻,定期进行千分表读数,并记录测试温度、湿度等信息。经数据整理,考虑温度等因素影响,计算并修正大节段模型竖向变形实测值,结果如图 3.7 所示。

由图 3.7 可知,大节段模型二分点截面竖向变形随着加载龄期的持续,呈现下挠增大态势,但增长速率会逐渐减小。加载后 7 d,挠度实测均值为 0.7 mm;加载后 14 d,挠度实测均值为 1.3 mm;加载后 28 d,挠度实测均值为 2.2 mm;加载后 90 d,挠度实测均值为 4.5 mm。

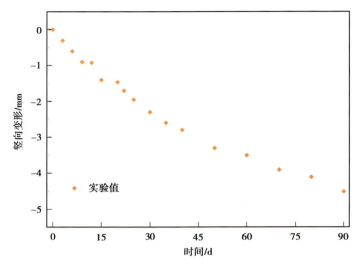

图 3.7　模型二分点截面挠度实测值分析

3.4　考虑参数随机性的线形演化分析

有限元分析技术的发展,为大跨度轨道桥梁线形演化研究提供了有效途径。作为高次超静定结构,斜拉桥、悬索桥、组合体系等桥梁结构线形分析较为复杂,当前主要采用有限元法(Finite element method,FEM)进行分析。然而,有限元模型采用的结构参数是确定性的,这与结构实际情况存在一定差异性,如结构材料物理性质的离散性、几何尺寸偏差随机性、复杂环境的不确定性影响等。响应面法(Response surface method,RSM)作为一种统计学综合试验技术,以有限的试验来回归分析拟合一个显性函数关系式,模拟结构的真实响应曲面,在线形演化预测分析中的应用越来越广泛。

在大跨度桥梁线形预测方面,可采用响应面法捕捉线形与各种输入随机变量的函数关系式,然后对响应面函数进行蒙特卡洛(Monte carlo,MC)抽样分析,获取一定置信水平下的结构变形值。因此,可采用 MC-RSM 不确定性分析方法,考虑参数随机性,对大跨度轨道混凝土斜拉桥线形演化进行分析。

1)试验设计

试验设计的核心在于试验样本选取方法与数量,这直接影响到回归响应面精度、效率和分析结果的准确性。因此,样本获取方法的选定,应依据可重复性、随机性和区组化的基本原则,进行有限数量的抽样,要求使抽样点尽可能反映整个设计空间的特性与规律。经综合对比,本试验选择均匀设计法来获取计算所需的样本点。均匀设计只考虑试验点在试验范围内均匀散布,挑选试验代表点的出发点是"均匀分散"。它不仅可以保证试验点具有均匀分布的统计特性,而且可以大大减少试验次数,提高试验效率。同时,综合考虑设计域及其复杂性、外推的稳健性和贯序性等因素,选择 U_{25}(25^9)均匀设计表进行试验样本点的设计。

2)响应面拟合

响应面函数类型主要包括二阶多项式、高阶多项式、线性多项式以及 Hermite 多项式等。结合试验实际情况,选用偏最小二乘法进行预测模型的拟合。其主要原理简要阐述如下:

首先,假设自变量矩阵为 $\boldsymbol{X}_{\alpha \times \beta}$,因变量矩阵为 $\boldsymbol{Y}_{\alpha \times \delta}$。经标准化处理后,$\boldsymbol{X}_{\alpha \times \beta}$ 的矩阵为 $\boldsymbol{N}_0 = (\boldsymbol{N}_{01}, \cdots, \boldsymbol{N}_{0\beta})_{\alpha \times \beta}$,其中,$\boldsymbol{N}_{01}, \cdots, \boldsymbol{N}_{0\beta}$ 为矩阵 $\boldsymbol{N}_0$ 的列矢量;$\boldsymbol{Y}_{\alpha \times \delta}$ 的矩阵为 $\boldsymbol{M}_0 = (\boldsymbol{M}_{01}, \cdots, \boldsymbol{M}_{0\delta})_{\alpha \times \delta}$,其中,$\boldsymbol{M}_{01}, \cdots, \boldsymbol{M}_{0\delta}$ 为矩阵 $\boldsymbol{M}_0$ 的列矢量。

其次,取 $\boldsymbol{N}_0^{\mathrm{T}}$ 和 $\boldsymbol{M}_0^{\mathrm{T}}$ 分别为 $\boldsymbol{N}_0$ 和 $\boldsymbol{M}_0$ 的转置矩阵,求解矩阵 $\boldsymbol{N}_0^{\mathrm{T}} \boldsymbol{M}_0 \boldsymbol{M}_0^{\mathrm{T}} \boldsymbol{N}_0$ 最大特征值对应的特征矢量 $\boldsymbol{\varphi}_1$ 后,即可求得 $t_1 = \boldsymbol{N}_0 \boldsymbol{\varphi}_1$,记为 $\boldsymbol{N}_1 = \boldsymbol{N}_0 - t_1 \boldsymbol{G}_1^{\mathrm{T}}$,其中,$\boldsymbol{G}_1^{\mathrm{T}} = \dfrac{\boldsymbol{N}_0^{\mathrm{T}} t_1}{\parallel t_1 \parallel^2}$;求出矩阵 $\boldsymbol{N}_1^{\mathrm{T}} \boldsymbol{M}_0 \boldsymbol{M}_0^{\mathrm{T}} \boldsymbol{N}_1$ 最大特征值对应的特征矢量 $\boldsymbol{\varphi}_2$ 后,即可求得 $t_2 = \boldsymbol{N}_1 \boldsymbol{\varphi}_2$,记为 $\boldsymbol{N}_2 = \boldsymbol{N}_1 - t_2 \boldsymbol{G}_2^{\mathrm{T}}$,其中,$\boldsymbol{G}_2^{\mathrm{T}} = \dfrac{\boldsymbol{N}_1^{\mathrm{T}} t_2}{\parallel t_2 \parallel^2}$;以此类推,直到 m 步,可求得 $t_m = \boldsymbol{N}_{m-1} \boldsymbol{\varphi}_m$,其中,$\boldsymbol{\varphi}_m$ 为矩阵 $\boldsymbol{N}_{m-1}^{\mathrm{T}} \boldsymbol{M}_0 \boldsymbol{M}_0^{\mathrm{T}} \boldsymbol{N}_{m-1}$ 最大特征值对应的特征矢量。

最后,根据交叉有效性确定提取 $t_1, \cdots, t_m$,可得到一个满意的模型,故只提取到第 m 步结束,进而,可回归得到方程形式:

$$\boldsymbol{M}_{0k} = a_{k1} \boldsymbol{N}_{01} + \cdots + a_{k\beta} \boldsymbol{N}_{0\beta} + \boldsymbol{M}_k \tag{3.2}$$

式中　$a_{k1}, \cdots, a_{k\beta}$ ——回归系数。

3)精度检验

对响应面模型精度进行检验的方法主要有 R^2 检验、残差状态分布检验、相对均方根误差 RMS 等。对多元响应面模型的精度检验,一般采用 R^2 检验。

$$R^2 = 1 - \frac{\sum_{j=1}^{m} [f(x)_j - \widehat{f}(x)_j]^2}{\sum_{j=1}^{m} [f(x)_j - \bar{f}(x)]^2} \tag{3.3}$$

式中　$f(x)_j$ ——第 j 个样本点的响应值;

$\quad\quad \widehat{f}(x)_j$ ——第 j 个样本点的响应面计算值;

$\quad\quad \bar{f}(x)$ ——平均值,$\bar{f}(x) = \dfrac{1}{m} \sum_{j=1}^{m} f(x)_j$。

其中,$R^2 \in (0,1)$,其值越逼近 1,说明响应面模型精确越高。

4）Monte Carlo 抽样分析

$x_i(i=1,2,\cdots,n)$ 作为影响结构响应 $f(x)$ 的随机参数,是相互独立的,对每一个随机参数进行一次随机抽样,可以得到随机样本 $(x_1,x_2,\cdots,x_n)$,将样本输入确定性有限元程序中,即可得到相应的结构响应值。重复进行随机抽样和有限元分析,对 m 组随机样本进行 m 次确定性运算,可以得到 m 个结构响应值 $f(x)_1,f(x)_2,\cdots,f(x)_m$,再利用统计学,计算结构响应 $f(x)$ 的均值 μ 和标准差 σ:

$$\mu = \bar{f}(x) = \frac{1}{m}\sum_{j=1}^{m} f(x)_j \tag{3.4}$$

$$\sigma = \sqrt{\frac{1}{m-1}\sum_{j=1}^{m}(f(x)_j - \mu)^2} \tag{3.5}$$

3.5　线形演化对桥梁状态与运营性能影响分析

大跨度轨道桥梁运营是关乎社会民生的百年大计,运营维护任务艰巨,需持续掌握大桥工作状态,确保桥梁持续安全服役。当前普遍存在问题是,随着运营时间的增加,在荷载激励、环境影响、材料变异等多因素作用下,大跨度轨道桥梁线形的持续演化,尤其对于普遍采用无砟轨道的城市轨道交通桥梁,主梁的不可恢复性变形难以得到有效调整。线形演化出现的主梁永久性变形也引起轨道列车运行舒适性和运行安全性的改变。

3.5.1　桥梁状态影响性分析

以线形演化的主要影响因素为出发点,分析线形演化与桥梁状态的相互影响。

1）混凝土收缩徐变

成桥 10 年后,混凝土收缩徐变基本趋于稳定,在主梁区段上超过一半长度徐变一次力对主梁的线形影响比例在 95% 以上,全梁徐变一次力对主梁的线形影响比例都超过 60%。同时,收缩徐变将引起索力的变化,特别是边跨斜拉索索力,将出现较大幅度减小,而索力的改变,会使桥塔上塔柱水平力不再平衡,导致塔顶向中跨偏移,主梁中跨线形下挠加剧。

2）预应力损失

有效预应力损失会改变主梁受力,增大主梁挠度,使得主梁出现持续下挠态势,进一步加剧永久性变形,而纵向和竖向预应力损失过大,则易造成箱梁腹板出现斜裂缝,削弱桥梁结构的刚度,降低桥梁承载能力,严重时可能引发安全事故。

3)斜拉索损伤

斜拉索的损伤,对主梁线形影响很大,背索和跨中拉索的损伤,对结构线形的影响具有复合性特征,由于斜拉桥基本存在一定的对称性,当斜拉索出现不对称损伤时,主梁线形会呈现出不对称破坏。

4)材料变异

斜拉桥材料变异主要体现在主梁、桥塔和斜拉索面积变异、弹性模量变异等方面。针对面积变异,桥梁中跨线形会伴随主梁截面面积的增加而呈现出先减小后增大的态势,桥塔截面面积变异以及靠近桥塔的斜拉索面积变异均对桥梁中跨线形影响很小。针对弹性模量变异,桥梁线形均随主梁、桥塔和斜拉索弹性模量的增加而呈现减小态势。其中,斜拉索弹性模量变化对桥梁线形影响最为显著,主梁次之,桥塔则影响很小。

5)基础不均匀沉降

桥塔、边墩、过渡墩的基础不均匀沉降对主梁线形的影响存在一定的差异性,即桥塔基础沉降会引起主跨主梁线形下挠;边墩基础沉降会引起中跨上拱,而边跨呈现下挠;过渡墩基础沉降基本上只引起过渡墩附近主梁线形的变化。

6)其他因素

疲劳荷载反复作用,会加速主梁的线形变化,而混凝土的开裂与主梁线形变化相互影响,即线形变化会导致箱梁底板拉应力增大,加速混凝土开裂,而开裂则会造成主梁刚度降低,加剧主梁线形变化。

3.5.2　运营性能影响性分析

城市轨道交通桥梁,对行车条件要求很高,而轨道桥梁一般采用无砟轨道,扣件的调整量非常有限。因此,为了保证运营性能,必须严格控制桥梁线形,其主要目的在于:

①保证列车运行安全性。
②满足列车运行舒适性。
③保证桥上轨道和设备设施的稳定性。
④保证桥梁实际受力状态处于设计可控范围内。

然而,作为大跨度轨道斜拉桥,特别是对于预应力混凝土箱梁,会不可避免地产生永久性变形,对轨道不平顺产生重大影响,威胁着轨道交通运营性能。

1）对轨道不平顺影响

轨道不平顺包括轨道水平和轨距不平顺、竖向不平顺、方向不平顺，作为一种激励，轨道不平顺对列车运营性能有着重大影响，尤其是针对无砟轨道桥梁，由于扣件可调范围非常有限，如果永久性变形超出扣件的调节范围，将对桥上线路不平顺性造成影响，严重时可能导致轨道扣件破坏失效，对列车运行安全造成巨大隐患。依据相关文献，假设某跨径组合为 92 m+168 m+92 m 的预应力混凝土桥梁，在荷载作用下，产生了较小幅度的不可恢复变形，即永久性变形。通过运行舒适性和运行安全性指标的分析，结果表明：竖向不平顺虽然幅值较大，但由于其波长较长，轨道不平顺的变化率较小，故对运营性能的影响不大；叠加轨道随机竖向不平顺，随着行车速度提高，列车竖向加速度和轮重减载率明显增大，但也满足运行舒适性和运行安全性要求，但是，随着轨道不平顺的变化率逐渐增大，则可能直接影响到运行舒适性和运行安全性。因此，要保证无砟轨道的平顺性，就必须对桥梁永久性变形作出相应的控制规定。

2）运行舒适性和运行安全性影响

现阶段车桥耦合振动研究中，主要集中于线路上的轨道不平顺研究，而忽略桥上轨道不平顺对列车动力响应的研究，这与实际情况存在一定的偏差，主要原因在于：

①轨道桥梁设计行车速度最大可达 120 km/h，长大轨道几何不平顺对列车运行舒适性和运行安全性的影响愈加明显。

②列车与桥梁存在相互作用，并且相互影响，桥上的轨道结构完全参与系统的振动。

③桥上轮轨力有一定的独特性，与普通线路轮轨力存在一定的差异性。

由此，进行列车运行舒适性和运行安全性影响分析时，以普通线路上轨道不平顺对列车动力响应代替桥上轨道不平顺对列车动力响应，存在一定的不合理性，故应加强桥上轨道不平顺对列车动力响应的研究。而作为大跨度轨道混凝土斜拉桥，主梁不可避免地发生永久性变形，作为桥梁刚度的外在反映，永久性变形不仅直接影响桥梁性能，而且对运营性能也具有重大影响，既有研究成果表明：

①永久性变形对桥梁跨中竖向振动位移影响较大，对横向振动位移影响较小，随着变形幅值的增大，桥梁跨中竖向振动位移增大。

②永久性变形对轨下基础的动态影响相对较小，随着变形幅值的增大，无砟道床和桥梁的振动基本保持不变。

③永久性变形对轮轨垂向相互作用影响较大，变形幅值越大，轮轨垂向作用力越大。

④永久性变形对脱轨系数和轮重减载率影响较大，随着变形幅值的增大，二者不断增大，当变形幅值达到一定的程度，会危及列车运行安全性。同时，当刚度保持恒定时，轮重减载率会随行车速度的提高而增大。

⑤永久性变形会引起列车竖向和横向振动加速度的增加，但不是特别明显，当刚

度保持恒定时,加速度会随行车速度的提高而增大。

因此,当永久性变形满足控制规定时,车桥耦合系统动力响应指标变化不明显,相对于列车竖向振动加速度,轮重减载率对主梁永久性变形更加敏感,此时轨道不平顺和行车速度是影响列车运行舒适性和运行安全性的主要因素,但是当永久性变形过大时,运营性能指标会急剧增大,严重影响列车过桥时的运行舒适性和运行安全性。

3.6　线形控制分析

3.6.1　基于预拱度设计分析的线形控制

大跨度轨道桥梁作为城市轨道交通的重要组成部分,其结构设计理念正逐渐由传统静态强度设计转向动态刚度设计,列车运行舒适性成为设计控制主要因素之一,在设计阶段,不仅要求结构满足强度要求,更需要对线形控制作出明确要求。为避免大跨度轨道桥梁产生过高成本投入,针对一些短期性和周期性的荷载或作用,必须在线形设计阶段进行综合考虑。因此,预拱度设计至关重要,对线形控制具有重大影响。依据大跨度轨道桥梁全生命周期内线形演化,把线形控制分为三个阶段,即结构线形设计阶段(预拱度设计)线形控制、施工阶段线形控制和运营阶段线形控制,各阶段线形关系如图 3.8 所示。

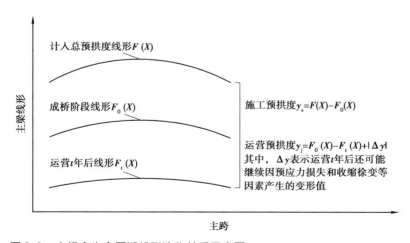

图 3.8　主梁全生命周期线形演化关系示意图

依据图 3.8,作为线形控制的第一阶段,预拱度设计质量直接影响施工阶段线形控制和运营阶段线形控制,进而对结构线形和运营性能产生影响。依据城市轨道交通、铁路交通和公路交通相关设计规范,对桥梁的预拱度设计都作出了相应规定,包括设置条件、设计方法等,但针对静活载预拱度均按 1/2 静活载所产生的挠度设置、收缩徐变因素预拱度设置等问题,作为大跨度轨道桥梁,预拱度设计方法可进一步优化,即以改善列车运行舒适性为导向,将大跨度轨道桥梁预拱度分为施工阶段预拱度和运营阶段预拱度,按如下架构进行设置:

总预拱度:

$$y = y_s + y_j \tag{3.6}$$

施工阶段预拱度:

$$y_s = -(y_1 + y_2 + y_3 + y_4 + y_5 + y_6 + y_8 + y_{10}) \tag{3.7}$$

运营阶段预拱度:

$$y_j = -(R \cdot y_7 + y_9 + y_{11}) \tag{3.8}$$

式中　"$-$"——表示方向相反;

y_1——结构自重引起的位移值,包含本阶段结构自重引起的位移和后续施工阶段结构自重对本阶段的位移;

y_2——预应力张拉引起的位移值,即张拉预应力钢筋引起的位移;

y_3——斜拉索张拉引起的位移值,包含斜拉索初张力和二期索力调整(若有)引起的位移;

y_4——二期恒载引起的位移值,包含附属建筑、附属设备等相关二期恒载引起的位移;

y_5——施工临时荷载引起的位移值,包含施工过程中临时荷载(如支架、施工机械设备、施工材料等)引起的位移;

y_6——施工阶段其他荷载因素引起的位移值,包含合龙段配重的实施、顶推工况的施加、温度的影响等相关其他荷载因素引起的位移;

y_7——静活载引起的位移值,活载作用(如列车、人群等)引起的位移,需进行适宜折减,折减参数计为 R;

y_8——支架弹性变形值,由支架分级加载试验确定;

y_9——运营阶段其他荷载因素引起的位移值,如预应力损失引起的位移值,包含摩阻损失和长期损失,建议采用磁弹效应法、压力传感器法等,选择施工阶段适宜时机进行安装,实现预应力损失实时监测,验证理论取值的合理性;

y_{10}——施工阶段收缩徐变引起的位移值,即在施工阶段,因混凝土收缩徐变引起的位移值;

y_{11}——运营阶段收缩徐变引起的位移值,即在运营阶段,因混凝土收缩徐变引起的位移值。

进行大跨度轨道桥梁预拱度设置时,应精确求解各影响因素引起的位移值,可按如图 3.9 所示的流程进行。

①结合施工图设计、施工组织设计等材料,依据设计和施工要求获取桥梁几何、材料等参数,进行数值仿真分析,综合确定各荷载因素引起的位移值,包含 $y_1 \sim y_7$。

②对静活载位移值 y_7 进行折减,可采用车桥耦合振动分析技术手段,综合分析列车运行舒适性,以获取最适宜折减参数 R。

③依据支架分级加载试验,保证支架强度、刚度、稳定性满足规范规程要求,消除支架非弹性变形,得到支架弹性变形值 y_8。

④可依据预应力损失试验建立预应力损失与位移的关系、参照相关规范规程进行理论计算、结合数值仿真分析、借鉴工程项目成果等,综合确定因预应力损失引起的位移值 y_9。

⑤依据混凝土材料试验、模型试验、理论分析、数值仿真分析、同类工程项目成果等,综合确定施工阶段收缩徐变引起的位移值 y_{10} 和运营阶段收缩徐变引起的值 y_{11}。

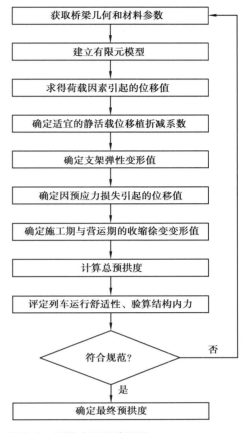

图 3.9 预拱度设置流程图

⑥利用矢量运算法则,计算施工阶段预拱度 y_s 和运营阶段预拱度 y_j,进而得出总预拱度 y。

⑦评定列车运行舒适性,验算结构内力,确定最终预拱度。这一环节包括依据计算出的总预拱度 y,分析桥梁线形,进行运行舒适性评定,并将影响因素进行荷载组合,检算结构施工阶段和运营阶段在各荷载工况组合下结构内力和变形是否满足规范规程要求。若满足,确定计算总预拱度 y 为最终预拱度;否则,重复执行步骤①至⑦,直至满足为止。

3.6.2 基于运营性能分析的线形控制

大跨度轨道桥梁在长期使用过程中,会受列车、温度、收缩徐变等荷载综合作用,设计规范对各荷载组合作用下的强度进行了明确规定,但并未对荷载组合作用下的刚度统一限值,而是对各项荷载单独规定变形限值,如《城市轨道交通桥梁设计规范》(GB/T 51234—2017)对桥梁在列车竖向静活载作用、列车竖向静活载与公路静活载共同作用下主梁竖向挠度作出了限值规定。因而,在对大跨度轨道桥梁进行运营性能分析时,设计规范的变形限值不能直接应用。由此,依据线形演化与运营性能的关系,采用车桥耦合振动分析研究方法,提出基于运营性能分析的线形控制限值,主要流程如图 3.10 所示;再依据安全监测系统,结合定期检查,进行控制限值与实测的对比分析,实现大跨度轨道桥梁在运营阶段线形调控的有效指导。其中,运营性能评价方法见 2.3.4 节内容。

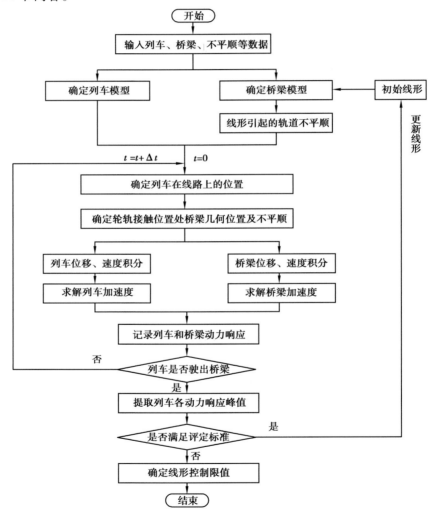

图 3.10　考虑桥梁线形演化的运营性能分析

进行大跨度轨道桥梁运营性能分析,提出永久性变形分级控制限值,按如下原则或方法展开。

①永久性变形分级控制限值以满足列车和桥梁的使用性能为原则制定,分为安全控制值和预警控制值两种。

②在强度满足要求的前提下,运营性能分析从列车运行舒适性和运行安全性两方面进行。其中,运行舒适性程度主要取决于长波不平顺,以指标竖向加速度、横向加速度和 Sperling 指数进行表征;运行安全性程度主要取决于短波不平顺,以指标脱轨系数、轮重减载率和轮对横向力进行表征,同时,要求桥梁振动不超限和扣件系统不失效。

③《城市轨道交通桥梁设计规范》(GB/T 51234—2017)规定,轨道桥梁设计速度最大为 120 km/h,但工程项目设计车速和实际运营车速一般位于 60 ~ 100 km/h,故永久性变形分级控制限值对应最大车速取 100 km/h。

④由于大跨度轨道桥梁跨度已显著超出列车的敏感波长,故引入《铁路轨道设计规范》(TB 10082—2017)中离心加速度的概念。根据运营性能控制限值,确定相应的曲率半径限值,当桥面初始变形(含永久性变形和温度荷载作用下的变形)曲线的最小曲率半径达到限值时,即为桥面变形限值,再进行初始变形与列车荷载作用下的变形叠加,经车桥耦合振动分析,以列车竖向加速度达到或接近控制限值为原则,确定最大竖向变形安全控制值。

⑤对已确定的最大竖向变形安全控制值,综合考虑轨道随机不平顺,进行车桥耦合振动分析,验证最大竖向变形安全控制值合理性,计入安全系数后,确定最大竖向变形预警控制值,为实现可操作性强(与安全监测、定期检查等技术成果对应),引入指标非永久性变形(记为 β,包括列车荷载、温度荷载等引起的可恢复性变形),扣除非永久性变形值 β,即可得到对应的永久性变形安全控制值和预警控制值。

大跨度轨道桥梁永久性变形与列车竖向加速度紧密相关,故可通过列车竖向加速度控制限值,确定最小曲率半径,叠加初始变形与列车荷载作用下的变形,经车桥耦合振动分析,提出最大竖向变形控制值,进而确定永久性变形分级控制限值,具体分析步骤包括:

①确定列车竖向加速度控制限值 a。依据大跨度轨道桥梁运营性能控制限值,确定列车竖向加速度控制限值 a,a 由桥面无初始变形时的列车竖向加速度 a_1 和桥面初始变形对应的列车竖向加速度 a_2 构成,即 $a=a_1+a_2$。其中,a_1 主要与列车荷载因素有关,a_2 主要与温度荷载、收缩徐变等因素有关。

②计算桥面初始变形对应的列车竖向加速度 a_2。依据车桥耦合振动分析,计算考虑随机不平顺且桥面无初始变形工况的列车竖向加速度 a_1,按 $a_2=a-a_1$ 得到桥面初始变形对应的列车竖向加速度 a_2。值得一提的是,由于大跨度轨道桥梁在温度荷载作用下桥面变形曲线的变形相对较小,曲率半径很大,故在分析时,将温度荷载作用变形按初始变形考虑。

③计算最小曲率半径 r。依据《铁路轨道设计规范》(TB 10082—2017),按式

(3.9)离心加速度计算公式,结合桥面初始变形对应的列车竖向加速度 a_2,确定对应的最小曲率半径 r,a_2 限值对应于 r 限值。

$$a_2 = \frac{V^2}{r} \tag{3.9}$$

式中　V——车速。

④分析桥面变形曲线,确定最不利加载工况。对各工况(如全桥均布荷载、中跨均布荷载、中跨和次边跨均布荷载等)下的桥面变形曲线进行试算,分析在相同挠跨比下,哪一种工况具有最小的曲率半径,而该工况即为最不利加载工况。

⑤确定桥面初始变形曲线。以最不利加载工况对应的桥面变形曲线为基准,调整幅值,与温度荷载作用(降温条件)下的桥面变形曲线叠加,形成桥面初始变形曲线。

⑥初步确定最大竖向变形安全控制值。当桥面初始变形曲线的最小曲率半径达到限值时,即可初步确定桥面变形限值,再将桥面初始变形曲线处理为桥面附加不平顺,计入列车荷载作用,进行车桥耦合振动分析,以列车竖向加速度达到或接近控制限值为原则,初步确定最大竖向变形安全控制值。

⑦验证最大竖向变形安全控制值的合理性。调整各工况(如全桥均布荷载、中跨均布荷载、中跨和次边跨均布荷载等)下的桥面变形曲线,使中跨挠跨比在初始变形和列车荷载作用下变形的叠加总和为 L/N(L 为主跨跨径,N 宜以整百计),进行车桥耦合振动分析,对比列车响应计算最大值与控制限值,进而验证最大竖向变形安全控制值的合理性。

⑧确定最大竖向变形安全控制值和预警控制值。依据分析结果,综合考虑列车加速度和乘坐舒适度,最终确定大跨度轨道桥梁最大竖向变形安全控制值,在此基础上,取适宜安全系数,得到最大竖向变形预警控制值。

⑨确定永久性变形安全控制值和预警控制值。扣除非永久性变形值 β,得到大跨度轨道桥梁永久性变形安全控制值与预警控制值,进而提出永久性变形分级控制限值。

综上,采用车桥耦合振动分析技术手段,进行运营性能分析,提出大跨度轨道桥梁永久性变形控制限值,具体流程如图3.11所示。其中,永久性变形控制限值分为安全控制和预警控制两级,安全控制值是列车安全通过时,桥梁必须满足的控制指标,超过安全控制值必须采取一定的措施;预警控制值是桥梁在正常使用状态下变形的限值,在运营阶段,若超过预警控制值,应仔细检查桥梁是否存在病害(如主梁下挠严重、变形过大等),同时调查列车是否存在异常的激励(如车况不良、装载偏心等),并及时采取必要措施进行处理。

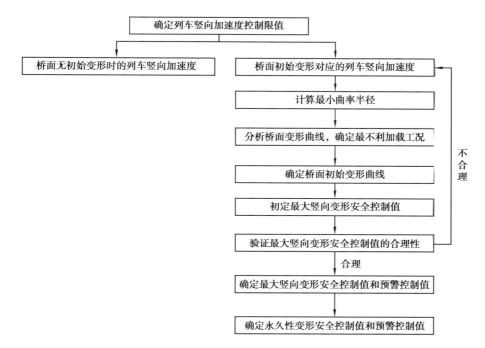

图 3.11　大跨度轨道桥梁永久性变形控制限值分析流程

3.7　本章小结

本章针对山地城市大跨度轨道桥梁线形问题,从机理、模型试验、影响分析、控制分析层面展开了研究,主要完成了以下内容:

①明确了大跨度轨道桥梁线形演化主要影响(包括混凝土收缩徐变、预应力损失、斜拉索损伤、材料变异、基础不均匀沉降等),剖析了其影响机制;阐述了基于相似理论的模型试验设计方法,并以大节段预应力混凝土箱梁为例,进一步阐述了缩尺试验原理与步骤,跟踪了其加载 90 d 内的长期性能演化,探究了计入温湿度、混凝土收缩徐变等因素影响下的跨中挠度变化,验证了模型试验的适用性与可靠性。

②针对高次超静定大跨度轨道桥梁线形演化分析,在有限元确定性分析方法存在不足的情况下,提出一种可以考虑参数随机性的线形演化分析方法,分析了其适用性,基于试验设计和统计学原理对分析方法进行了论述。

③大跨度轨道桥梁会不可避免地出现永久性变形,严重影响结构状态和运营性能,为了保证列车运行舒适性和运行安全性,必须对大跨度轨道桥梁线形进行控制。

本章探究了基于预拱度设计分析和运营性能分析的线形控制方法,提出了大跨度轨道桥梁考虑静活载合理折减的预拱度设置步骤,明确了采用车桥耦合振动分析技术手段的变形分级控制限值分析流程。

第4章　山地城市大跨度轨道桥梁运维分析

4.1　概述

随着时间的推移，在内部、外部各种因素驱使下，桥梁不可避免地出现老化、损伤现象，这些损伤的持续累积将引起桥梁性能的劣化，在承力状态、耐久性、运营性能（针对铁路桥梁、轨道桥梁）等方面影响桥梁。损伤、劣化是每座桥梁投入使用后都将面临的正常现象，更是需要引起重视的问题。第2章中阐述的基于人工检查和安全监测等信息化手段的桥梁状态感知与异常征兆及时预警，其作用类似于"桥梁医生"看病，而采取维修加固等养护手段就是治疗"桥梁疾病"，养护也是桥梁运维中的核心环节。

轨道交通的快速发展伴随着重大的大跨度轨道桥梁运维责任，为保证桥梁结构安全和轨道列车正常运行，大跨度轨道桥梁管养需求愈加强烈，行业对科学运维和养护决策方法创新的需求也日益增长。既有运维方法，特别是轨道桥梁运维决策方面，难以满足当前大跨度轨道桥梁的发展需要。研究大跨度轨道桥梁运维技术，对解决工程实际问题具有重要的意义。

基于此，本章从合理运维时机层面着手，分析了影响运维时机决策的主要影响因素，研究了桥梁状况退化预测分析方法，提出基于桥梁状况退化预测模型推演合理运维时机，梳理了轨道桥梁典型病害，结合病害-养护方法映射关系，提出了建立养护方法集的技术手段，制订适应性的养护方法，并介绍了周期性养护模式。

4.2 合理运维时机分析

4.2.1 运维时机主要影响因素分析

随着服役年限的增加,桥梁在外部荷载、环境激励等多种复杂因素的作用下,结构使用性能和材料耐久性不可避免地会产生退化,进而出现不同程度损伤和病害。一座大跨度轨道桥梁主体结构设计寿命可达百年,除结构设计水平、施工技术与质量外,运营期间的管理、维修和养护对桥梁服役尤为关键,关乎桥梁工作性能和实际使用寿命长短。

针对桥梁运营期间的损伤与病害,往往要根据桥梁当前的状况,确定维修所需要的费用,进而针对桥梁状况制订相应的养护对策,以维护桥梁的正常使用状况。在传统运维模式中,往往是发现了结构的明显病害后,再制订相应的养护维修计划,而此时结构使用性能或者工作状态已经较大程度上受损,需求的养护资源与运维费用也会较多。由此,桥梁投入使用之后,最为重要的事情就是进行合理运维,即在保障桥梁安全性、适用性、耐久性的同时,尽可能选择最佳的运维时机,制订适宜的养护计划与措施,延长桥梁使用寿命,以期实现养护资源合理调度,这也是提升桥梁全生命周期经济性的有效手段。

面大量广的大跨度桥梁普遍进入运维时代,合理运维的需求广泛呈现出升级态势,既可以保障桥梁安全、延长桥梁使用寿命,又可以优化养护资源配置、提升运维效率。其中,运维时机的抉择是合理运维的先决条件。

桥梁运维时机影响因素很多,可以从运维费用及效益、桥梁(构件)使用性能、养护时间(周期)等方面进行运维时机分析。

1)运维费用及效益

桥梁的运维费用是不断变化的,常规情况下,桥梁投入使用初期结构性能好、病害少、缺陷修复费用相对低,但养护费用会随着服役年限的增加而增加。无论桥梁处于何种安全状态,随着使用寿命的延长,养护费增加,运维费增加,运维时机为年总费用最低值所对应的时间。从经济角度分析,对安全或使用性能为优、较好的状态应为达到经济寿命时养护,对安全或使用性能为中、较差的应进行专项分析并考虑立即采取加固措施。

桥梁运维费用包括直接费用、间接费用等。直接费用是在桥梁养护维修中直接用于桥梁基础性能改善和结构构件性能改善的费用。这部分费用要根据可计量的养护工作确定,且与项目费用有关。根据检查工作的不同,可将此部分费用分为日常养护维修费用、定期养护维修费用和专项养护维修费用(包括临时性的紧急维修)。间接费用是指桥梁运维管理中用于组织和日常管理所产生的费用。该项费用不由实际维修过程产生,由此可将间接费用分为网级管理的管理费和特定项目具体的管理费。基于此,可综合考虑各项费用组成,用效益与费用的比值来衡量合适的养护时机,进行运维时机决策。

2)桥梁(构件)使用性能

随着使用时间的增加,桥梁使用性能下降,达到某一特定使用时间后性能会急剧下降,在使用性能急剧下降前的一段时间为合理的运维时机,在此时进行桥梁养护维修会产生相对较小的运维费用,且能使得桥梁的使用性能和安全性能有效提升。通常,评估桥梁使用性能选用一个或多个性能参数指标,可结合不同指标综合研判桥梁整体使用性能,以分析适宜的养护维修时机。同时,桥梁结构由多个构件组成,不同构件存在功能、材料方面的差异,因此不同构件的设计寿命、实际使用状况也是不一致的。在桥梁使用过程中,构件在不同时间会出现不同程度的劣化,寻求适宜的维修时间也是桥梁合理运维时机决策的关键所在。一方面,可以结合某些构件的设计寿命确定更换构件或维修构件的时机,延长其使用寿命;另一方面,可以根据桥梁(构件)的实际状况来进行运维时机分析,即立足于结构构件的实际破损状况,预测分析以确定应进行养护的临界状态。

3)养护时间(周期)

基于时间间隔的养护或定期的养护,是一种预防性或者保护性的运维模式。对桥梁周期性地进行养护维修,在这种情况下,对结构构件采取"不论状况,按时养护"的管养方法,依据养护计划的时间间隔进行养护。基于周期性的养护,提升桥梁结构的使用性能,减缓其状态的退化速度,延长构件的使用寿命。

4.2.2　基于桥梁状况退化预测模型的运维时机分析

针对服役期间桥梁的运维,运维时机的合理确定需要明确桥梁当前的和未来的性能,这就需要建立桥梁状况退化预测模型,用以模拟桥梁结构性能退化。引起桥梁性能退化的因素众多,作用机理也十分复杂,加之,影响往往并不是单因素而是多种因素组合作用,这也导致难以精准预测桥梁性能退化。尽管如此,针对桥梁性能退化的预测研究一直在进行中,且经过几十年的发展,已经形成了很多桥梁性能退化理论与相应的预测模型,其中一些被用在桥梁技术状况退化预测(即桥梁状况退化预测模型)中,显示出良好的效果。

1）桥梁状况退化预测模型分类

针对桥梁状况退化的预测主要有两种：一种是根据桥梁结构历年技术状况统计数据，利用概率统计等数学方法预测桥梁退化状况；另一种是根据影响桥梁结构技术状况的因素，研究影响因素与桥梁退化的时变关系，预测桥梁结构退化情况。前一种方法应用相对简单，目前发展较为成熟，是国内外桥梁结构退化预测的常用方法；后一种方法需要大量的基础数据和繁杂的模拟过程，并且需要多种学科的配合，目前处在探索阶段。

针对桥梁结构退化规律的研究，国外相关机构从 20 世纪 70 年代便展开了工作，并提出了一些预测模型，经过长期的探索实践和相关学科的发展，尤其在计算机技术发展的帮助下，当前桥梁结构退化预测的研究取得了很大的进展，预测模型主要集中在物理模型、确定性模型、随机模型和人工智能模型 4 种，如图 4.1 所示。

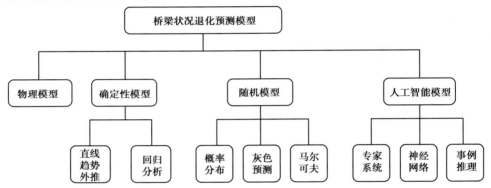

图 4.1　桥梁状况退化预测模型分类

（1）物理模型

物理模型是指基于相似理论及要求，构建与原型相近、工作规律相关的试验模型。模型与原型的各个物理量尺寸、比例或存在差异，但二者外在现象的物理本质可以认为是较为接近的，因此可通过控制试验模型的关键参数，探索预测原型尚未出现的现象，并分析其特征，用以发现参数与现象之间的内在联系。因模型试验受尺寸效应制约且自然环境的复杂耦合因素较难模拟，故而采用基于相似理论获取的结果推演实际桥梁真实响应的准备性与可靠性有待验证。

土木工程领域一般采用缩尺模型试验作为检验、验证理论模型的重要手段之一，因而物理模型试验可与其他模型互为补充。

（2）确定性模型

该模型采用概率统计的数学方法对桥梁结构退化影响因素和结构状态进行描述，确定性地预测将来结构状态，没有考虑随机性和关联性问题。其优点是原理清晰、使用简单方便、预测效率高，尤其在计算机技术发展前，该预测模型成为预测桥梁结构退化状况预测的主要方法。但是该模型也存在着明显的缺点：

①没有考虑桥梁结构退化影响因素的不确定性和变量的不可预测性。

②预测的结果是总体的平均状况,对单独个体的特殊性无法预测。

③没有考虑不同构件退化的相互影响。

④修正模型需要采集大量新数据。

目前鉴于该模型使用便捷的优势,仍然有很多学者采用该方法对桥梁结构退化状况进行预测。

(3)随机模型

为了在桥梁结构性能退化过程中计入不确定性和随机性的影响,可以将退化过程作为一个或多个变量对待。目前,马尔可夫模型是应用最广泛的随机模型之一,该模型通过定义结构的状态,并确定初始状态,计算一种状态到另一种状态的概率来预测退化状况,可用于客观描述某种特征事物的演变过程。相比较确定性模型,马尔可夫模型考虑了退化过程中的不确定性和当前状态对将来状态预测的影响,但仍然存在着一些不足的地方。

①马尔可夫模型中状态转移时间间隔假定是离散的而不是连续的,状态转移的概率是固定的,与实际情况不符合。

②该模型主要是对历史统计数据的分析,同样没有考虑不同构件之间退化的相互作用、相互影响。

③应用马尔可夫模型,通常假定结构的状态为几个独立的部分,预测的将来结构状态只与当前的状态有关,与以前状况无关,这也不符合实际情况。

虽然马尔可夫模型还存在着一些不足的地方,但是该模型与当前的桥梁性能预测能够很好地结合起来,数据便于采集,预测结果的可靠度良好,因此国内外广泛地使用该方法进行预测。

(4)人工智能模型

人工智能模型是伴随计算机技术的发展而产生的,预测方法主要有专家经验法、人工神经网络、事例推理等。专家经验法是专家依据自己的经验,对桥梁结构技术状况进行评价,给出一定的分值,然后利用计算机自动进行专家评分的方法。该方法主观性强,很大程度上依赖专家的自身经验,结果的可靠度与专家的理论水平、知识范围等密切相关。人工神经网络技术应用于预测桥梁结构退化,采用多层的人工神经网络,将桥梁服役时间与结构状况相关联,预测桥梁技术状况等级。该方法有确定性的属性,属于改进的确定性模型。事例推理是在桥梁信息库中搜索出与当前桥梁技术状况最为相近的桥梁,基于相近桥梁退化规律预测当前桥梁的退化过程。该方法是近些年出现的预测桥梁结构状况的新方法。

上述各种预测模型中,回归分析模型是比较常用的桥梁状况预测模型,现探讨其在大跨度轨道桥梁运维中的应用方式。

2)基于回归分析理论的桥梁状况退化预测

(1)回归分析理论

回归分析方法的定义便是通过对样本数据的变化规律进行分析,选取合适的函数形式进行数值拟合分析,得到具体的数学函数表达式,并且函数表达式能够基于已有数据信息,预测样本数据之后的变化情况和具体数值。因此,采用回归分析来求解桥梁综合技术状况的变化规律,对桥梁技术状况的退化趋势进行预测,通常最小二乘法是最可行且简便的求解方式。

假设在给定需要回归拟合的函数为 $\varphi(x)$,那么已知有 n 个桥梁技术状况评分值、时间 $(Dr_i,t_i)(i=1,2,3,\cdots,n)$ 的样本情况下,对实际值样本值与函数理论值求差值和 $\sum_{i=1}^{n}\delta_i^2 = \sum_{i=1}^{n}\left[Dr_i - \varphi(x_i)\right]^2$,然后对 $\sum_{i=1}^{n}\delta_i^2$ 求极小值,便得到了最小二乘法的最佳函数形式,即相应的回归系数。其中,指数函数、多项式函数是常用且可行的函数形式。

对于一般的标准形式指数函数而言,设其形式为:

$$\varphi(x) = S_E e^{(x-b)^2} \tag{4.1}$$

然后对方程两边取对数得:

$$\ln \varphi(x) = \ln S_E + b^2 - 2bx + x^2 \tag{4.2}$$

将所给数据 (x_i,y_i) 转化为满足二次多项式分布的数据组 $(x_i,\ln y_i)$。根据最小乘法原理,求出数据组 $(x_i,\ln y_i)$ 对应的拟合曲线 $\varphi(x) = x^2 + a_1 x + a_2$:

$$\begin{cases} a_1 = -2b \\ a_2 = b^2 + \ln S_E \end{cases} \tag{4.3}$$

根据式(4.3)可得到参数 S_E 和 b 的值。

(2)回归分析预测模型判定标准

通过比较分析,可采用回归分析预测对轨道桥梁退化模型进行预测。回归分析涉及较多的判定标准,经过比较分析,选定标准误差和校正决定系数作为回归分析模型的判定标准(表4.1)。其中,校正决定系数的确定取决于残差平方和、总偏差平方和。

表4.1　回归分析判定标准

指标	描述
标准误差 (SE——Standard error)	用以衡量抽样误差。样本统计量与总体参数值接近程度越高,即样本对总体越具有代表性,则标准误差越小,样本统计量代表总体的可靠度越大。因此,标准误差这一指标可以用来推断可靠性

指标	描述
残差平方和 （RSS——Residual sum of squares）	统计学上,为了较好地解释变量和随机误差产生的效应,将数据点与其在回归曲线上对应位置的差称为残差,再将每个残差平方之后求和,即称为残差平方和,以表示随机误差的效应大小。残差平方和越小,表示自变量与因变量之间相关性越大,其间的拟合程度也就越好。 $\mathrm{RSS} = \sum (y - \hat{y})^2$（$y$ 为实际值,$\hat{y}$ 为拟合值）
总偏差平方和 （TSS——Total sum of squares）	通过回归方程来拟合变量之间的统计关系时,实际值与回归方程拟合值不完全一致,各实际点没有都落在回归方程所在的曲线上。为此,各实际点偏离回归方程曲线的程度,可用总偏差平方和表示。总偏差平方和包括未修正总偏差平方和、修正总偏差平方和;当两者同时存在时,选用修正总偏差平方和
校正决定系数 （Adj. R-Square）	校正决定系数,用以评价回归分析预测模型的优劣性。其考虑了变量的个数对决定系数的影响,当加入的变量没有统计意义的时候,校正的决定系数会变小。当然,在增加的自变量具有统计意义时,校正决定系数将不断增大。基于本文中的自变量数一定的情况可知:校正决定系数越接近1,拟合的回归分析预测模型就越优越

（3）预测模型选定

从回归分析模型预测角度出发,基于桥梁技术状况退化特征,选用适宜的函数进行分析,如适用性广泛的指数函数,则基于回归分析的预测模型为:

$$Dr = l \cdot \{1 - \exp[-(m/t)^n]\} \ (t \geqslant 1) \tag{4.4}$$

式中　Dr——桥梁技术状况预测值;

　　　t——桥梁服役时间(有加固记录的按加固时间点记);

　　　l,m,n——回归系数,需根据大量历史数据拟合得到。

由于桥梁结构在桥型、跨径布置、材料性能等方面各不相同,具体桥梁的退化模型往往还需要进行一定的修正处理,对模型进行偏移才能更贴切地表述桥梁退化趋势。

（4）考虑养护维修的退化模型修正

全面或局部的养护维修均会对桥梁技术状况评分产生瞬间提升的效果。因此,针对养护维修的效果,对养护维修效果对退化模型的修正展开研究。

设第 i 次养护维修方法对桥梁技术状况的提升效果为 ΔDr_i,那么每次养护维修效果 ΔDr_i 将与养护次数、运营环境、桥梁使用寿命等因素相关,依据调研分析,提出养护维修效果限值 E,作为是否继续进行养护维修的判据,即当养护维修效果 $Dr_{j+1} \leqslant E$ 时,视为不再进行周期性养护维修。但仍需对桥梁运营性能进行观察,在桥梁状况较差时进行必要的限载限速,甚至开展加固整治设计。

　　理论上讲,若养护维修后的桥梁结构与新建桥梁结构的退化模式存在差别,但考虑到实际工程应用研究的便捷性,则采用简化方式分析为宜,即仅降低每次养护维修效果来还原这种退化趋势加剧的现象,而退化曲线模式仍按在原计算公式的基础上进行时间点平移的方式,设时间平移量为 $t_i - t_{i.\,re}$,理论公式修整为:

$$Dr = l \cdot \left\{ 1 - \mathrm{e}^{-\left[\frac{m}{t-(t_i - t_{i.\,re})}\right]^n} \right\} \quad (t \geqslant 1) \tag{4.5}$$

式中　Dr——桥梁技术状况预测值(考虑养护维修修正后);

　　　　t_i——第 i 次养护维修时刻;

　　　　$t_{i.\,re}$——在进行第 i 次养护维修后,桥梁技术状况预测值回升后对应的原退化曲线上的时间点。

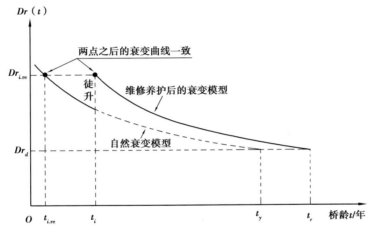

图4.2　养护维修后的桥梁技术状况退化曲线

　　图4.2所示为每次桥梁养护维修措施后,退化曲线的修正模式示意。由曲线变化规律可知,在每次养护维修后,桥梁技术状况预测值均会得到提升,其后基于同样的退化趋势继续退化。由此,在服役期间内,桥梁技术状况经多次养护维修延迟退化时间,始终最低限值(结合桥梁使用需求设定)保持在上,保证了桥梁使用性能与工作状态。

　　(5)基于周期性养护的轨道桥梁退化模型

　　①预测模型。在获取桥梁状况自然退化模型、考虑养护维修的桥梁状况退化模型的研究基础上,分析可得考虑周期性养护的桥梁状况退化模型,不同阶段的模型公式表达如下:

$$Dr = \begin{cases} l \cdot \left\{ 1 - \exp\left[-\left(m/t\right)^n \right] \right\} & (1 \leqslant t < t_1) \\[3mm] l \cdot \left\{ 1 - \exp\left[-\left(\dfrac{m}{t - (t_{i-1} - t_{i-1.\,re})} \right)^n \right] \right\} & (t_{i-1} \leqslant t < t_i) \\[3mm] l \cdot \left\{ 1 - \exp\left[-\left(\dfrac{m}{t - (t_j - t_{j-1.\,re})} \right)^n \right] \right\} & (t \geqslant t_j) \end{cases} \tag{4.6}$$

式中 t——桥梁服役时间,$t \geq 1$;

$\quad\quad i,j$——养护维修次数,$i \geq 1$;

$\quad\quad t_i$——第 i 次养护维修对应的桥梁服役时间;

$\quad\quad t_j$——当第 j 次养护维修方法后,养护维修效果低于限值 E 的时间点;

$\quad\quad t_{i,\mathrm{re}}$——在针对具体桥梁的状况预测模型中,第 i 次养护维修后桥梁初始技术状况值对应的桥龄。

图 4.3 所示为周期性养护条件下的桥梁技术状况退化曲线,可示意桥梁状况的退化趋势和养护维修效果。

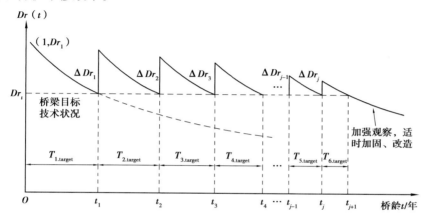

图 4.3   周期性养护条件下的桥梁技术状况退化曲线

图中 Dr_t——桥梁目标技术状况;

$\quad\quad Dr_1$——桥梁服役期 $t=1$ 年时的桥梁技术状况,将 $t=1$ 代入针对具体桥梁的状况预测模型;

$\quad\quad \Delta Dr_t$——第 i 次养护维修效果(技术状况评分增加值);

$\quad\quad Dr_{i,\mathrm{re}}$——第 i 次养护维修后桥梁的初始技术状况,$Dr_{i,\mathrm{re}} = Dr_t + \Delta Dr_i$;

$\quad\quad Dr_{i-i.\mathrm{re}}$——自然老化下的桥梁状况预测模型向桥梁服役期 t 正方向平移$(t_i - t_{i.\mathrm{re}})$得到第 i 次养护维修后桥梁状况预测模型;

$\quad\quad T_{i.\mathrm{target}}$——桥梁养护周期。

②桥梁目标技术状况 Dr_t。目标技术状况限值宜选择 $60 \sim 80$ 的三类桥梁,因为此类桥梁不用进行大修、加固改造设计,但需进行必要的全面养护维修来保证桥梁的正常运营,同时也能够有效改善桥梁技术状况的退化趋势,经济效益较佳。

③养护维修效果。维修效果与具体的养护维修措施、交通量、服役环境、桥梁结构特性等诸多因素有关。为此,需对养护维修效果进行一定简化。如考虑维修次数对维修效果的影响,对养护维修效果进行简化计算,引入相干系数 η,假定第 i 次养护维修效果 ΔDr_i 为上一次养护维修效果的 η 倍,则养护维修效果表达为:

$$\Delta Dr_i(t) = \Delta Dr_i = \begin{cases} \eta(Dr_1 - Dr_t) \ (i = 1) \\ \eta Dr_{i+1} (2 \leq i \leq j) \end{cases} \quad\quad (4.7)$$

其中,η 需要结合大量统计数据分析获取。

④养护周期的确定。养护周期即第 i 次养护维修距上一次养护维修的时间间隔,可用式(4.8)进行计算:

$$T_{i,\text{target}} = \begin{cases} t_1 & (i = 1) \\ t_i - t_{i-1} & (2 \leqslant i \leqslant j) \end{cases} \tag{4.8}$$

综上,基于桥梁状况退化预测模型模拟桥梁技术状况的变化趋势,并结合周期性的养护策略,可确定养护维修的时间间隔,由此推导预测大跨度轨道桥梁的合理运维时机。

4.3　运维方法优化分析

着力于优化桥梁运维方法,从典型病害、养护方法与模式分析出发:首先,针对大跨度轨道桥梁典型病害进行了分析;其次,结合桥梁养护方法与手段,提出针对大跨度轨道桥梁的养护方法集;最后,分析周期性养护模式。我们期望能将经验知识汇集成适用于大跨度轨道桥梁的运维知识库,并进行工程化应用,为大跨度轨道桥梁高效运维赋能。

4.3.1　典型病害分析

1)混凝土结构

大跨轨道桥梁的混凝土结构典型病害分析见表4.2。

表4.2　混凝土结构典型病害分析

病害类型	描述及分析
破损露筋	在钢筋混凝土梁体中主要是受力主筋或箍筋没有被混凝土包裹而外露出表面。在预应力混凝土梁体中,一般会是非预应力钢筋外露出表面,极易产生钢筋锈蚀,并引起钢筋锈蚀裂缝和混凝土剥离
蜂窝麻面	梁体混凝土表面局部疏松,水泥浆少,骨料之间存在空隙而没有有效地填满水泥浆,形成蜂窝状的孔洞
空洞	混凝土空洞是指深度超过钢筋的混凝土保护层且没有骨料和水泥浆的内部空穴。深度较浅的空洞可能会出现外壳混凝土剥落,使钢筋和空洞外露。混凝土空洞的存在削弱了结构的有效截面,对结构受力有影响

续表

病害类型	描述及分析
剥落	构件混凝土表面水泥砂浆层流失而造成骨料外露的现象,对构件混凝土耐久性有较大影响。剥落按水泥砂浆流失程度可分为轻度剥落(水泥砂浆流失深度小于 6 mm,已可见到骨料)、中度剥落(水泥砂浆流失深度达到 6 ~ 12 mm,骨料间水泥砂浆已流失)、重度剥落(水泥砂浆流失深度达 12 ~ 15 mm,骨料完全暴露)和严重剥落(水泥砂浆与骨料均流失,且深度达到 25 mm 以上,钢筋已完全暴露)
磨损老化	在混凝土表面或者整体上出现混凝土材料组成的化学性质、物理力学性能变差的现象。在混凝土桥梁上,混凝土恶化往往是局部的,但是除了由于恶化使混凝土本身性能变坏外,还丧失了保护钢筋的作用,因而对桥梁耐久性有严重影响,对桥梁靠边侧的构件(例如,多梁式梁板桥的边梁板、箱梁的外侧腹板等)表面混凝土耐久性影响也很大
梁跨中挠度过大	混凝土梁的跨中部位下挠值超过了设计计算控制值,严重者可能使桥面标高降低较大,并往往伴随出现梁体较多且发展延伸较长的裂缝现象。在使用阶段,混凝土梁跨中部位下挠度过大会影响桥梁的使用性与耐久性

2) 钢结构

大跨轨道桥梁钢结构典型病害分析见表 4.3。

表 4.3　钢结构典型病害分析

病害类型	描述及分析
涂层剥落	钢轨道梁表面油漆剥落,病害程度比变色起皮更严重
梁体锈蚀	轨道钢桥表面锈蚀是钢桥常见病害,不影响性能,影响材料耐久性。当锈蚀发展严重后,将直接导致钢结构有效截面面积减小,承载力降低,从而影响结构安全
高强度螺栓锈蚀	钢轨道梁上高强度螺栓发生锈蚀,将导致高强度螺栓的强度降低,从而降低整个钢轨道梁的承载能力,影响结构安全
高强度螺栓松动	指钢轨道梁上高强度螺栓预紧力未达到标准要求,将导致高强度螺栓咬合不够紧密,达不到预定的连接强度,从而影响整个钢轨道梁的承载能力
焊缝裂纹、焊缝开裂	钢轨道梁焊缝出现细小的裂纹或较大的裂缝,将严重影响钢轨道梁的安全性
梁体晃动超标	列车通过时轨道梁所受的各种荷载(包括压力、拉力、扭矩等)经支座可靠地传递到墩台上,支座能协调轨道梁在荷载力等作用下的自由变形。由于支座定位轴线、上下摆部件在制造或者安装过程中会产生误差,可能导致列车通过所产生的冲击力会使后轨道梁会出现晃动情况。轨道梁出现晃动不但会影响安全舒适性,还会破坏线路受力传递的平衡,损伤线路设备其他部件,存在安全隐患

4.3.2　适应性养护方法分析

桥梁养护可以分为预防性养护和矫正性养护两个方面。预防性(前馈性)养护是指在结构性能没有明显退化之前就有计划地开展系统性的养护工作,以延缓病害的出现,例如清理桥面杂物、疏通泄水孔等。矫正性养护则是依据桥梁技术状况评价等级对桥梁进行小修、中修、大修,或者基于状态监测或评估发现性能损失时,针对相应病害采取适宜的养护。

桥梁养护维修主要目的是提升桥梁使用性能,增强结构的安全性,延长桥梁的使用寿命。针对大跨轨道桥梁主要病害,结合桥梁养护加固理论与技术,进行适应性养护方法分析,建立病害-养护方法映射关系,并进一步提出养护方法集。

1)病害-养护方法映射

(1)桥面系及附属设施病害-养护方法映射

桥面系及附属设施主要病害包含伸缩缝病害、栏杆/声屏障等病害、桥面防排水病害、桥面保护层病害、其他设施(避雷装置、防落梁、防撞设施、航道灯、人工检查通道、钢箱梁及锚室内除湿设施等)病害等。对各构件病害应进行适宜的养护,结合常见的养护方法,针对桥面系及附属设施建立病害-养护方法映射关系,见表4.4。

表4.4　桥面系及附属设施主要病害-养护方法映射表

编号 A	病害类型	养护方法				
		1	2	3	4	5
		全部或局部修补伸缩缝	全部或局部修补栏杆、声屏障等	全部或局部修补桥面防排水	全部或局部修补桥面保护层	全部或局部修补其他设施
1	伸缩缝病害	√				
2	栏杆/声屏障等病害		√			
3	桥面防排水病害			√		
4	桥面保护层病害				√	
5	其他设施(避雷装置、防落梁、防撞设施、航道灯、人工检查通道、钢箱梁及锚室内除湿设施等)病害					√

注:养护方法编号规则为"A+病害编号+养护方法编号",如全部或局部修补伸缩缝记为编号 A11,其他编号以此类推,下同。

（2）上部结构病害-养护方法映射

上部结构（含支座）主要病害包含混凝土裂缝、混凝土表观病害（破损露筋、蜂窝麻面、空洞、剥落等）、钢结构锈蚀、钢结构母材裂纹、钢结构焊接裂纹、钢结构螺栓松动或失效、混凝土及钢-混组合轨道梁走行面磨损、钢轨道梁防滑涂层磨损、钢管混凝土拱肋脱粘、吊杆（系杆）或拉索锚固松动、塔身钢结构连接螺栓失效、减震装置损坏、支座病害等。应对各构件病害进行适宜的养护，结合常见的养护方法，针对上部结构病害建立病害-养护方法映射关系，见表4.5。

表 4.5　上部结构主要病害-养护方法映射表

编号 B	病害类型	1 裂缝表面封闭修补	2 裂缝表面黏结修补	3 裂缝压注浆修补	4 混凝土修补	5 水泥砂浆修补	6 混凝土黏结剂修补	7 环氧树脂材料修补	8 钢结构涂装修补	9 焊接/栓接/黏结修补	10 更换/增加构件	11 磨损面全部或局部修补	12 钻孔浇筑	13 防护材料修补
1	混凝土裂缝	√	√	√										
2	混凝土表观病害（破损露筋、蜂窝麻面、空洞、剥落等）				√	√	√	√						
3	钢结构锈蚀								√					
4	钢结构母材裂纹									√	√			
5	钢结构焊接裂纹													
6	钢结构螺栓松动或失效									√	√			
7	混凝土及钢-混组合轨道梁走行面磨损											√		
8	钢轨道梁防滑涂层磨损											√		
9	钢管混凝土拱肋脱粘										√		√	
10	吊杆（系杆）、拉索锚固松动										√			

续表

编号B	病害类型	1 裂缝表面封闭修补	2 裂缝表面黏结修补	3 裂缝压注浆修补	4 混凝土修补	5 水泥砂浆修补	6 混凝土黏结剂修补	7 环氧树脂材料修补	8 钢结构涂装修补	9 焊接／栓接／黏结修补	10 更换／增加构件	11 磨损面全部或局部修补	12 钻孔浇筑	13 防护材料修补
11	吊杆(系杆)、拉索、主缆防护材料老化、损坏										√			√
12	塔身钢结构连接螺栓失效									√				
13	减震装置损坏										√			
14	支座病害										√			

（3）下部结构病害-养护方法映射

下部结构主要病害包含混凝土裂缝、混凝土表观病害（破损露筋、蜂窝麻面、空洞、剥落等）、基础冲刷、基础变位（基础沉降、基础水平位移及引起的墩顶水平位移等）、混凝土的硫酸盐侵蚀、混凝土的氯离子侵蚀、混凝土冻融破坏等。对各构件病害应进行适宜的养护，结合常见的养护方法，针对下部结构病害建立病害-养护方法映射关系，见表4.6。

表4.6 下部结构病害-养护方法映射表

编号C	病害类型	1 裂缝表面封闭修补	2 裂缝表面黏结修补	3 裂缝压注浆修补	4 混凝土修补	5 水泥砂浆修补	6 混凝土黏结剂修补	7 环氧树脂材料修补	8 护坦加固	9 板桩防护	10 增大基础加固	11 增补桩基加固	12 混凝土表面防护涂装
1	混凝土裂缝	√	√	√									
2	混凝土表观病害（破损露筋、蜂窝麻面、空洞、剥落等）				√	√	√	√					

编号 C	病害类型	1 裂缝表面封闭修补	2 裂缝表面黏结修补	3 裂缝压注浆修补	4 混凝土修补	5 水泥砂浆修补	6 混凝土黏结剂修补	7 环氧树脂材料修补	8 护坦加固	9 板桩防护	10 增大基础加固	11 增补桩基加固	12 混凝土表面防护涂装
3	基础冲刷								√	√			
4	基础变位(基础沉降、基础水平位移及引起的墩顶水平位移等)										√	√	
5	混凝土的硫酸盐侵蚀												√
6	混凝土的氯离子侵蚀												√
7	混凝土冻融破坏												√

2)建立适应性养护方法集

基于轨道桥梁病害-养护方法映射关系,可建立适用于具体病害的养护方法集。

(1)针对桥面系及附属设施病害的养护方法集

依据表4.4,针对桥面系及附属设施病害,养护方法都是一一映射的,每种病害对应一种养护方法。映射关系分别为:修补伸缩缝—A11,修补栏杆、声屏障等—A22,修补桥面防排水—A33,修补桥面保护层—A44,修补其他设施 A55。由此,建立可适用于桥面系及附属设施的养护方法集,见表4.7。

表4.7　桥面系及附属设施养护方法集

编号	方法组合
养护方法集一	A11+A22+A33+A44+A55

注:若无某项病害,则在方法组合中除去该项病害对应的养护方法,并重构养护方法集。

(2)针对上部结构病害的养护方法集

依据表4.5,上部结构病害与养护方法为非一一映射关系的有:混凝土裂缝;混凝土表观病害(破损露筋、蜂窝麻面、空洞、剥落等);钢结构母材裂纹;钢结构焊接裂纹;钢管混凝土拱肋脱粘;吊杆(系杆)、拉索、主缆防护材料老化、损坏。其中,针对混凝土裂缝的主要养护方法为:裂缝表面封闭修补、裂缝表面黏结修补、裂缝压注浆修补;针对混凝土表观病害(破损露筋、蜂窝麻面、空洞、剥落等)的主要养护方法为:混凝土修补、水泥砂浆修补、混凝土黏结剂修补、环氧树脂材料修补。由此,结合病害与对应的养护方法,建立可适用于上部结构的养护方法集,见表4.8。

表4.8　上部结构养护方法集

编号	方法组合
养护方法集一	B11+B24+B38+B49+B59+B69+B711+B811+B910+B1010+B1110+B1209+B1310+B1410
养护方法集二	B12+B24+B38+B49+B59+B69+B711+B811+B910+B1010+B1110+B1209+B1310+B1410
养护方法集三	B13+B24+B38+B49+B59+B69+B711+B811+B910+B1010+B1110+B1209+B1310+B1410
养护方法集四	B11+B25+B38+B49+B59+B69+B711+B811+B910+B1010+B1110+B1209+B1310+B1410
养护方法集五	B12+B26+B38+B49+B59+B69+B711+B811+B910+B1010+B1110+B1209+B1310+B1410
养护方法集六	B13+B27+B38+B49+B59+B69+B711+B811+B910+B1010+B1110+B1209+B1310+B1410
⋮	⋮
养护方法集 N	B13+B27+B38+B410+B510+B610+B711+B811+B912+B1010+B1113+B1209+B1310+B1410

注:若无某项病害,则在方法组合中除去该项病害对应的养护方法,并重构养护方法集。

（3）针对下部结构病害的养护方法集

依据表4.6,下部结构病害与养护方法为非一一映射关系的有:混凝土裂缝;混凝土表观病害(破损露筋、蜂窝麻面、空洞、剥落等);基础冲刷;基础变位(基础沉降、基础水平位移及引起的墩顶水平位移等)。其中,针对基础冲刷的主要养护方法为:护坦加固、板桩防护;针对基础变位(基础沉降、基础水平位移及引起的墩顶水平位移等)的主要养护方法为:增大基础加固、增补桩基加固。由此,结合病害与对应的养护方法,建立可适用于下部结构的养护方法集,见表4.9。

表4.9　下部结构养护方法集

编号	方法组合
养护方法集一	C11+C24+C38+C410+C512+C612+C712
养护方法集二	C12+C24+C38+C410+C512+C612+C712
养护方法集三	C13+C24+C38+C410+C512+C612+C712

续表

编号	方法组合
养护方法集四	C11+C25+C38+C410+C512+C612+C712
养护方法集五	C12+C26+C38+C410+C512+C612+C712
养护方法集六	C13+C27+C38+C410+C512+C612+C712
⋮	⋮
养护方法集 M	C13+C27+C39+C411+C512+C612+C712

注:若无某项病害,则在方法组合中除去该项病害对应的养护方法,并重构养护方法集。

按照上述方法,完成桥面系及附属设施、上部结构、下部结构病害养护方法集构建,且可进一步组合构成针对轨道桥梁的适应性养护方法集。养护方法集可为大跨度轨道桥梁养护知识库构建奠定基础,建立养护档案并结合专家经验知识持续对养护方法集进行迭代更新,形成大跨度轨道桥梁养护字典,为工程技术人员提供参考。同时,针对大跨度轨道桥梁的适应性养护方法集可为周期性养护模式提供信息化支撑,为运维管理决策、养护规划制订提供科学依据。

4.3.3　周期性养护模式分析

1)周期性养护概念

大跨度轨道桥梁全生命周期内面临着结构性能退化的问题,因此采用定期与不定期的方式对桥梁进行检查与养护必不可少。其中,执行周期性养护是保障桥梁安全运维的重要措施。周期性养护是基于在一定时间段内对目标状况的大跨度轨道桥梁进行全面养护维修的过程。不过,桥梁整体的养护维修时机、养护方法措施需要根据桥梁自身的性能退化情况而定,如果能够依据运营期间的信息对桥梁的性能退化作出预测,提前做好养护维修规划,合理分配桥梁管养投入,将对整个桥梁管养行业具有重要的指导意义。

周期性养护是指随着桥梁的使用性能退化,其技术状况随之下降,一旦桥梁技术状况退化至某一限值(桥梁目标技术状况),就应该采取相应的养护维修措施,达到瞬时提升桥梁技术状况的目的,随后桥梁进行正常的自然老化、退化,直到下一次目标技术状况后再进行养护维修,如此周而复始的进行养护。这种周期性养护模式的概念示意如图 4.4 所示。

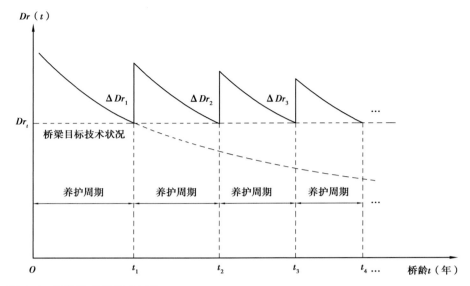

图 4.4　周期性养护概念示意

2）周期性养护模式

针对大跨度轨道桥梁，提出周期养护模式，其关键流程如下：

①利用桥梁状态退化规律确定养护大致时间。调研分析采用合适的桥梁状况退化预测方法，对比分析不同预测模型优缺点，选择合理的模型对桥梁退化过程进行模拟、预测，计算桥梁技术状况等级由一类退化至二类、二类退化至三类的时间，综合考虑确定桥梁养护的大致时机，以便提前制订养护计划。

②确定桥梁养护费用预测方法。在桥梁寿命周期内测算养护费用，需要选择恰当的理论方法预测桥梁养护发生的费用，结合养护时机与养护方法，以合理预测桥梁养护费用。

4.4　本章小结

大跨度轨道桥梁逐步迈入运维时代，受到严峻的交通、气候、地理等因素考验，运维管理任务繁重，加之桥梁服役安全、使用寿命、经营效益的综合需求与传统运维模式的不足，山地城市大跨度轨道桥梁先进运维之路任重道远。基于上述考虑，本章以大跨轨道桥梁运维时机、运维方法为切入点，主要完成了以下内容：

①分析了运维时机主要影响因素，可基于单指标或多指标确定运维时机，进一步介绍了桥梁状态退化模型分类及其适用范围，并重点阐述了基于回归分析理论的桥梁

状况退化预测方法。

②运维方法适宜与否关键在于对桥梁自身状态的判断,尤其是桥梁病害识别及适应性养护方法选取。首先,针对大跨轨道桥梁普遍采用的钢结构、混凝土结构进行了典型病害分析;然后,总结桥面系及附属设施、上部结构、下部结构主要病害,依据桥梁养护加固理论与技术,逐一建立病害-养护方法映射关系,形成了大跨度轨道桥梁病害养护方法集,可为养护知识库构建及其工程化应用奠定基础;最后,介绍了大跨度轨道桥梁周期性养护模式。

第 5 章　山地城市大跨度轨道桥梁数智运维云平台构建

5.1　概述

"互联网+"不断深化与推进,催生并形成了以互联网为基础设施的数字化新形态,传统行业形态不断演进,信息化云平台作为一种强有力的创新驱动力,得到了大规模建设和应用,成为各个行业信息化、智能化发展的坚实基础。在此时代背景下,融合运用大数据、云计算、物联网等高新技术,规范化桥梁工程领域信息系统建设,创新信息化体系,打造"互联网+桥梁"新生态,建立大跨度轨道桥梁数智运维云平台,具有积极的应用价值和广泛的发展前景。

基于此,本章提出一种基于云计算的大跨度轨道桥梁数智运维新业态,实现对桥梁结构安全性参数、耐久性参数及环境参数的采集与监测,建立桥梁安全状态实时评价和预警机制,对运维信息进行有效分析与管理,为桥梁安全保驾护航。

本章围绕三个层面开展探究:一是,结合云计算发展与应用情况,针对大跨度轨道桥梁数智运维云平台的运算量、分布情况与性能要求,研讨了基于"云"体系模式的桥梁运维;二是,依据实际功能需求,进行了相关架构组成、功能模块及关键技术分析;三是,为保障云平台网络与信息安全,从网络安全、物理安全、系统安全等方面分析了桥梁数智运维云平台安全体系。

5.2　数智运维云平台模式分析

5.2.1　云计算的发展及应用

1）云计算的概念

云计算(Cloud computing)，也称为网格计算，于 2006 年首次被提出，是互联网第三次革命的关键技术，推进了互联网的解构与重构，革新了网络服务形态。云计算指利用网络远程计算，将分布式存在的批量计算机进行组织，其核心优势在于通过构建网络资源与数据中心，提供高效且安全的云计算与储存服务。云计算、云服务等"云"技术的衍生带动了网络服务理念和模式的演进，在海量数据储存、信息共享、数据分析等方面提供技术支撑，极大地提升了远程运作效率(图 5.1)。

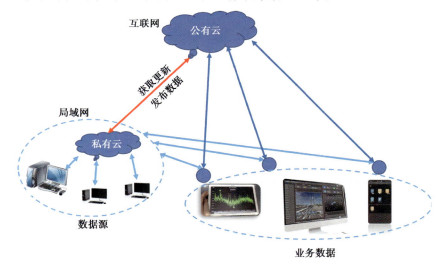

图 5.1　云服务

结合与之有关系的研究，可以更深层次地理解云服务。"云"指的是软硬件总和，"服务"指的是云用以服务用户。进一步解释就是以因特网为基础通过服务的方式发布应用，以及与之相关的软硬件(图 5.2)。

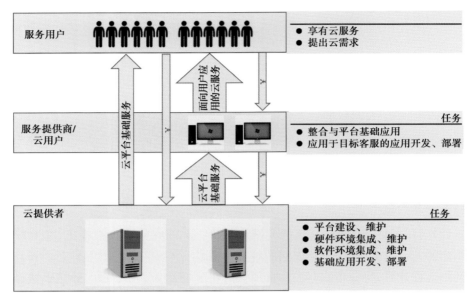

图 5.2　云计算的用户层次及其供求关系

2）云计算的发展与云计算平台的特征

现代信息技术的进步依赖于云计算，信息化体系构建与信息化生产力离不开云计算。云计算也是物联网技术发展的核心与基石，二者相辅相成，互为依托。三网融合（Network convergence）是为了满足社会发展需求提出的，以期实现将计算机网、电信网和有线电视网互相渗透、互相兼容并逐渐整合为统一、完善、高效的信息通信网络，而云计算在此进程中起到不可或缺的推动作用。

云计算持续不断迅速发展，得到了非常广泛的应用。一项技术彰显如此强大的发展力与生命力，说明其能够带来巨大的经济效益，也预示着其拥有良好的发展前景。用户是云计算的主体，在网络媒介下云计算可为用户供应不同形式的服务，如基础架构、云平台、软件，而虚拟技术作为云计算的重要基础，则为整合大规模可扩展的计算、存储、数据等服务模式应用提供了坚实的技术支撑。近年来，互联网领域众多企业步入云计算解决方案研究领域，探索云计算关键技术与理论并广泛投入应用，如国外互联网巨头谷歌、微软等，国内知名企业阿里巴巴、腾讯、百度等。

云计算平台（简称为"云平台"）屏蔽了底层的软硬件实现细节，并且提供连接服务的标准接口，使得所有连接 Internet 的用户都可以方便地接入云平台进而使用计算资源。目前已实现的云计算平台都符合云计算的基本技术框架，但是各个公司或者组织的侧重点又有所不同（图 5.3）——大致可以分为三类：一是基于虚拟化技术提供底层基础资源服务；二是综合云计算平台内部的资源，提供功能特化的上层服务资源；三是综合云平台内部的基础资源，提供基于网络服务的计算云平台。

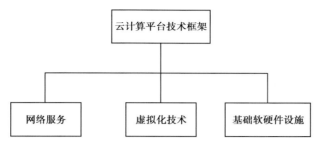

图5.3 云计算平台基本技术框架

总的来说,无论出于何种目的与需求,云计算平台都应具备以下三项特点:

①针对云计算平台的一些底层功能的实现方法与细节,用户无须过多耗时耗力。用户不需要了解任何云服务平台内部的繁杂细节,不必承担云服务平台底层开发过程中的任务,对于云平台用户(如基于云平台发布第三方应用的服务商),可通过调用云服务平台所供应的各种接口,以此为基础实现所需要的功能与目标。

②云平台是非常灵活的,其应用规模完全能够根据实际需要进行规划与调整。基于虚拟技术,云平台供应商可以根据用户需要提供服务,这样既能降低运营成本从而为客户提供更高性价比的服务,又可以通过定制化服务使用户需求得到保障。

③云计算平台支持基于网络的大规模数据处理能力,可以为用户提供各种高性能的云计算数据服务。对于使用云计算平台的所有用户来说,云端数据资源几乎不受限制。

3)云计算的应用

云计算平台相当于一种功能异常强大的云计算网络,将并发环境下的网络、数据资源进行连接,通过对分布式云资源进行整合,并利用各种虚拟网络技术,从而极大地拓展了单一服务器的性能,提供了超级网络计算和数据储存处理能力。国内企业界部分云计算研究组织及研发方向见表5.1。

表5.1 国内部分知名的云计算研发团队及研究方向

研发团队	商业项目	技术特点	竞争力	业务范畴
中国移动	大云数据挖掘系统(BC-PDM)、海量结构化储存(Hugetable)、大云弹性储存(BC-NAS)、大云并行计算系统(BC-MapReduce)	网络技术强大、宽带资源丰富	底层集群部署技术、资源池虚拟技术、Xen虚拟化技术	中国移动内部的新兴IT支撑系统(网管系统、业务支撑系统、管理信息系统)

续表

研发团队	商业项目	技术特点	竞争力	业务范畴
阿里巴巴	阿里云服务、云电子商务、软件互联云平台	弹性、可定制型商务软件	云平台集成技术、应用整合技术	提供云计算、云储存、电子商务服务等
世纪互联	CloudEx	弹性虚拟化服务云平台	Xen虚拟化技术、集群虚拟化技术	提供计算、储存、备份服务
华为	华为云(云数据中心解决方案、云应用解决方案)	通信设计、通信技术	终端整合、5G	提供定制化云计算解决方案、与合作伙伴共建云计算
腾讯	腾讯云系列解决方案	基础架构深厚云资源	腾讯社交关系链资源,如微信、QQ等	为开发者及企业提供云服务、云数据、云运营等整体一站式服务方案
百度	百度智能云(云边端基础服务)	智能物联、边云融合	百度核心技术引擎、云计算支持下的移动搜索	提供人工智能、大数据和云计算服务
京东	京东智联云(京东基础云、数据云)	计算/存储、电商/物流云平台构建、大数据管理与挖掘	全产业链电商能力、电商云技术+业务经验输出	京东电商云、物流云、产业云、智能云全套解决方案

综上所述,这是一个云计算高速发展与广泛应用的时代,云体系、云思维渗透到各个领域,伴随着智慧城市、绿色城市等理念的兴起,将云计算引入基础交通设施领域,构建基于云计算的数智运维体系对国家交通强国建设战略的实施产生积极推动作用。

5.2.2 数智运维云体系模式

在云时代,依托云体系(云链、云计算)将推动数智运维技术更好、更快发展。信息与数据是大跨度轨道桥梁运维感知、分析、决策的先决条件,云体系则可称为整个数智运维云平台的大动脉,将数据快速传递、分析、挖掘,在结构状态感知、结构状态评价、养护决策等多层面发挥更好的价值。

一座大跨度轨道桥梁建设完工、交付使用后,将推动路网建设完善并为城市发展带来活力,这项巨大的民生工程也将为人们带来福祉。然而,对于这样的大型结构物,甚至是超级工程,数十年服役期间的运维工作也会面临巨大的挑战,如何尽可能避免桥梁服役期间的安全事故发生,如何尽可能优化桥梁使用方式与延长桥梁寿命,如何合理管理以最大限度减少对使用者的影响,这一系列的问题都是桥梁运维的难题。解决思路是明确的,即推进运维工作向网络化、数字化、智能化方向发展,运用数智技术使桥梁更加"智能",数字化、信息化是智能化的基础,因此,数智运维的关键在于识别运维期间有效信息,并尽可能多地获取信息,助推高效决策。

对于大跨度轨道桥梁而言,运维信息极为复杂,不仅涉及静态的桥梁基础信息,还存在动态的定期检测、长期安全监测信息等。如何有效管理这些静态、动态信息,并从海量信息中获取结构状态信息,是构建对轨道桥梁集群智能监测、管养决策支持的信息化云平台的关键,也是行业内的研究重点和难点。比如,安全监测作为大跨度轨道桥梁运维工作的重要内容,其数据的有效管理与利用就是一个难题,野外实时环境、室内环境下均配置了大量的传感传输设备、设施等硬件,须充分整合与有效利用硬件、软件和实时数据信息等资源,打通监测数据与运维决策分析信息链,这对有序、科学、高效地开展数智运维工作具有十分重要的意义。

由此可见,数智运维的关键在于整合海量运维数据,以数据为依据,研究运维与云计算的融合模式,构建数智运维云平台十分必要。充分发挥云平台优势,将不同源头的海量数据汇集,通过云平台进行采集数据的管理。对于云平台使用者而言,借助云平台则可实时跟踪桥梁运维状态,只需借助便携的终端设备即可随时随地对云端数据进行查询和管理。融合采用自动化设备采集的长期安全监测数据与人工检查数据等信息,推动桥梁运维信息管理的规范化和标准化发展,为养护决策科学性、养护计划的精准性奠定牢靠的信息基础,促进全面提高大跨度轨道桥梁运维管理的能力和效率。

大跨度轨道桥梁数智化云平台应具备操作方便、柔性扩展等特征,具备个性化服务功能,适应大规模信息接入和管理功能。同时,云平台运行稳定性、数据传输可靠性、系统安全性、信息吞吐量也应得到保障。

综上,云平台的重大作用在于,进一步规范大跨度轨道桥梁运维数据库与信息系统建设,对在役轨道桥梁结构状态进行评估,为管养决策提供支持。创新融合应用云计算、大数据等信息技术手段,构建数智运维云体系模式,打造具备自动化、信息化和智能化特征的大跨度轨道桥梁智能运维云平台,已成为城市轨道交通发展的必然趋势。

5.2.3　数智运维管理体系

数智运维管理体系可以定义为帮助决策者寻求适当的工具和管理手段,优化可配置资源优化,实现信息收集、信息分析和决策有关的方法和工具。它是新一代信息技术与桥梁管理系统的整合与创新。构建数智运维管理体系时,必须以系统思想为指导,灵活、合理地使用计算机技术、工程技术等学科,从技术、社会、政治和经济等层面综合考虑,以达到优化桥梁管理的内容,革新桥梁管理模式,实现运维工作高效化、系统化。

桥梁综合数据库是桥梁云管理系统能够良好运行的基础。在对桥梁工作状态进行准确评估并提供合理、有效的运维方法及措施时，需要利用数据处理系统和专家知识库等进行处理。若要使桥梁处于较好的工作状态，执行必要的日常维护工作是不可缺少的，除此之外还应在合适的时间执行养护、加固措施。在桥梁投入使用一定年限后，便可进一步证实桥梁养护投资的正确性，同时也可以合理地预估桥梁使用年限，对桥梁养护费的预算进行合理优化，使资金最准确地利用，进而提升运维管理决策系统性、科学性。建立桥梁数智运维管理系统不仅可以为桥梁管理部门的决策者提供科学管理的方法和工具，而且可以最大程度地利用资源。

1）桥梁数智运维管理体系分类

数智运维管理系统可分为网级桥梁管理系统、项目级桥梁管理系统。这两种管理系统适用于不同的管理层面，其结构与关系如图5.4所示。

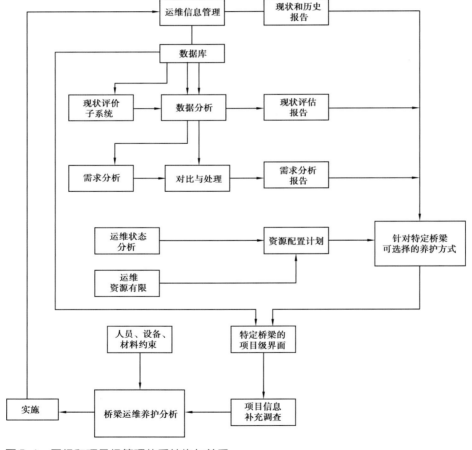

图5.4　网级和项目级管理体系结构与关系

网级桥梁管理系统涉及整个桥梁网络，适用于宏观分析，可用于制订桥梁网运维方法，确定对桥梁网络维修需求和养护费用优化分配的规定。它是根据有限估算对重建和维护优先权进行分析,基于整座桥梁网进行合理决策。系统的整体利益最大是其追求的目标。

项目级桥梁管理系统以单座桥梁(特别是大跨度桥梁)为管理对象。在某一管理部门对特定项目进行技术决策时提供一种具体解决方案,并选择成本最低的方法,是该管理系统的主要任务之一。以网级所规定的限制条件为基础,它还能将与某一项目有关的设计、施工、养护和相应改建活动的组织联合起来,然后对此进行仔细考虑。对不同方案的成本和收益进行了比较,以判定养护和维修服务的效果或服务水平,以最小的代价来获得养护和维修的效果。项目级的桥梁管理系统基本上仅包括技术的考虑与决策。

总之,两种体系具有不同的作用和同样的重要性。网级和项目级管理的理论体系有所不同,适用于不同范畴。针对一些具有较强综合性的大型桥梁工程管理信息系统,应同时建立包含网级和项目级管理体系的桥梁管理系统,具有宏观管理功能与微观管理流程,充分发挥网级管理系统与项目级管理系统的优势。二者相互协调、互为补充,以最大化地实现数智运维管理功能。

2)桥梁数智运维管理体系基本组成

桥梁数智运维管理体系是把桥梁结构知识、信息技术及经济学知识结合应用于桥梁管理的产物,其核心包括一个数据库——包含每座桥梁结构的详细资料、日常检查记录信息及历史上维护维修记录等,以及所有其他实现管理职能所需的信息。这些信息为桥梁管理体系对桥梁适应性、耐久性、技术状况及安全性评价、维护及维修计划制订奠定基础。桥梁数智运维管理体系基本结构如图 5.5 所示。

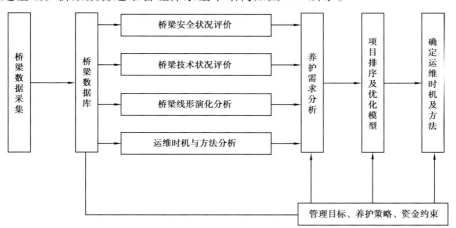

图 5.5　桥梁数智运维管理体系基本结构

推动桥梁各项管理活动有序协调开展,为桥梁管理部门的分析、决策提供依据,推动桥梁管理过程向着系统化、自动化革新,是桥梁数智运维管理体系的重要目标。

5.3　数智运维云平台架构分析

大跨度轨道桥梁数智运维云平台应以保障结构安全运营、为运维决策提供依据为目的,云平台遵循"稳定可靠、技术先进、经济合理、维护便利"的原则。系统软件和硬件的可靠性、数据的可靠性以及分析方法的可靠性都能体现出运维云平台的可靠性;基础级研发技术、硬件设备、网络传输的先进性都是保障云平台技术先进性的关键所在;云平台宜兼顾经济性,且便于维护、更换、替代和升级。现从系统架构、网络架构层面对数智运维云平台进行分析。

5.3.1　系统架构

根据桥梁数智运维云平台的特征和目标,并结合大跨度轨道桥梁结构安全分析需求,云平台应包括运维信息感知层、传输层、应用层。各个层级由相应的功能化模块构成,较为全面地为用户提供结构安全状态的信息,同时为结构的科学管理和维护提供重要依据。

1)感知层

感知层作为运维云平台的基础层,主要完成整个云平台内所有数据的获取工作,包含桥梁静态基础信息、安全监测实时信息与人工检查信息在内的多源数据共同构成云平台数据库,具备对初始状态数据进行编辑、修改、校验,并提供数据的清洗、转换、检索等功能。其余模块或子系统均以此为基础进行工作,共同完成桥梁管理功能。其中,桥梁静态基础信息包括工程的名称、地址、建造日期、建造规模、建设情况及相关工程背景介绍,收录工程建造过程中主要设备材料信息等,还包括本次结构安全监测测点布置、传感器类型、参数设定等内容。由于与此相关的信息数据都存储在云端的数据库服务器中,若用户需要一些相关的信息,仅需要通过相应的浏览器登录交互界面即可获取。

桥梁数智运维的成效与数量的准确性、可靠性息息相关,数据是整个运维体系的基础。系统的功能模块能够正常、高效地运行都直接受到数据质量和数量的影响。不过,这并不能意味着越多的数据就越好,恰恰相反,数量不多但意义重大的数据比数量较多但意义较小的数据更加有用。

2)传输层

为实时显示采集的数据信息,通过图形表格或文档的形式准确清晰地表达结构的安全信息,须打通数据传递通道,建立高效传输信息的传输层。以运维云平台的安全监测功能为例,需要从现场采集传输系统并将传感器获取到的信息传输至本地的控制中心,紧接着控制中心便对数据进行分析处理,然后通过网络传输到云计算平台的数据库服务器,根据用户的具体查询请求,监测数据管理中心就从云服务器中调取数据再以网页服务的形式提供给用户。

3）应用层

运维云平台应用层以感知层、传输层为基础,建立在大量信息的基础上,以数据作为支撑。以实现实时预警、结构安全评价、刚度统计分析、桥梁技术状况评价等应用。例如,通过预警分析实时掌控结构的异常情况,通过设置阈值来判断结构监测的运行情况,超过设置的安全设计值将触发其他模块,调用服务器中的历史数据进行结构的损伤分析和安全评定。预警分析模块采用标准接口设计,来保障对其他应用服务模块的正常调用。

依据实际的管理、功能特点,进行软件组成和功能需求分析,并按照各应用系统总体需求,实现不同桥梁的信息联动,可提高桥梁管养品质,以期优化有限资源的有效使用率,并更好地实现桥梁的统一管理和标准化运维进程。多座桥梁共享云平台中心设备,如网络通信、硬件、软件等,将各种数据汇集到云平台,并进行统一的调度和集中管理,如信息共享、分析、故障处理,实现多座桥梁运营期间各种数据联合管理、信息挖掘。

大跨度轨道桥梁数智云平台移动办公系统架构采用基于智能操作系统移动终端开发的云平台,以构件形式对智能手机、Pad 通用组件、消息与事件处理引擎、模板解析、服务调用、安全加密、网络通信组件进行封装,以支撑桥梁数智运维在智能手机终端上快速开发与扩展,系统使用 RESTful（Representational state transfer）架构设计,基于 HTTP,可以使用 XML（Extensible markup language,可扩展标记语言）格式定义或JSON（JavaScript object notation）格式定义数据,从而实现多语言交互请求。

数智运维云平台以大跨度轨道桥梁养护管理业务为信息来源,以 GIS/GPS/PDA等为技术支撑,通过 Intranet/Internet 连接轨道桥梁管理系统内部分布在各地的监测室、监测中心,实现对多桥梁运维的集群化、信息化,充分利用信息共享、资源共享的优势,优化作业方式与流程来减轻运维人员的工作量,并提高管理养护工作质量,以延长桥梁的使用年限。大跨度轨道桥梁运维云体系架构如图 5.6 所示。

5.3.2　网络架构

网络架构分为远程自动化监测应用网络架构与移动终端网络架构,如图 5.7所示。

以运维云平台安全监测系统为例,其传感传输可通过如下方式实现:

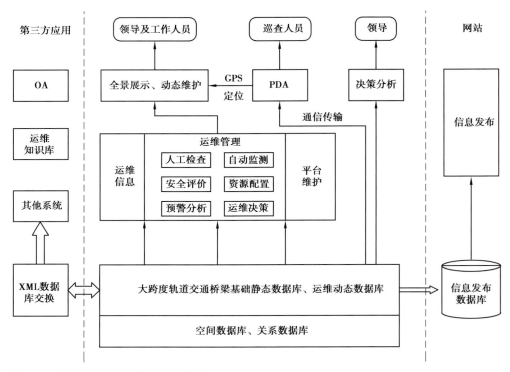

图 5.6 大跨度轨道桥梁运维体系架构

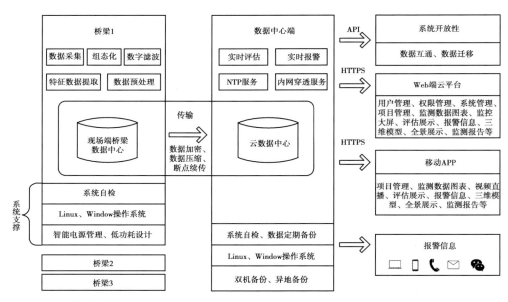

图 5.7 以数据为中心的架构

①安装在桥梁上的传感器通过电缆线连接到数据采集设备——采集仪的采集端口。

②采集仪通过 RS-485 总线或 CAN 总线连接到二级控制单元——智能控制模块。

③智能控制模块通过 RS-232 接口连接到 DTU;DTU 通过无线通信网络进入 Internet 与控制中心计算机建立远程网络连接,实现桥梁远程自动化监测应用网络的组建,如图 5.8 所示。云平台移动终端网络架构如图 5.9 所示。

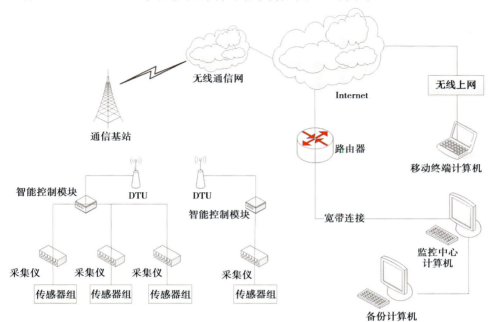

图 5.8 云平台远程自动化监测应用网络架构

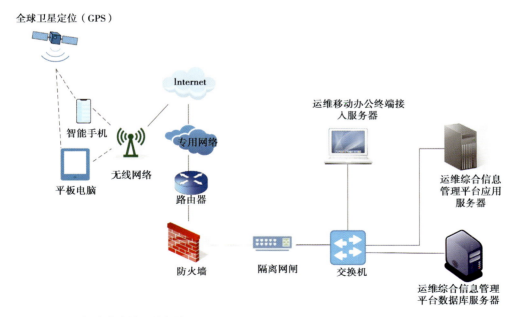

图 5.9 云平台移动终端网络架构

5.4 数智运维云平台功能分析

5.4.1 云平台功能

传统的系统应用系统设计通常有两种方法:一种是自底向上法设计,这种设计方法对局部过于重视而忽略了系统的整体性;另一种是自顶向下法设计,这种设计的缺点是系统缺乏灵活适应性,而且开发周期长。目前比较通用的设计方法就是模块设计法,各个模块功能在系统中相对独立,通过组合形成完整的系统体系,不仅可以缩短开发周期,还能增加系统升级改造中的灵活性和扩展性模块化设计,克服自底向上法和自顶向下法设计的缺点,通过功能的模块化来构造系统。

基于上述需求,为搭建运维云平台感知层、传输层、应用层,进行功能化模块设计。采用模块化来开发设计数智运维云平台的功能,同搭积木的方法类似,由于整个云平台系统由固定部分的整体框架和可变部分的功能模块组合,因此可在云平台总体框架搭建完成后设计用户所需要的各种功能模块,然后将模块子系统嵌入系统当中,就能形成一个对外提供完整服务的应用云平台。针对大跨度轨道桥梁的数智运维,云平台功能模块设计可参考表5.2。

表5.2 数智运维云平台功能化模块设计

模块名称	用途与功能	部署服务器
系统管理模块	云平台基础模块,用于角色管理、菜单管理、账户管理	应用服务器
云平台配置模块	云平台基础模块,保证云平台正常运行需要的初始配置,包括桥梁信息配置、监测项目配置、监测点配置、视频监控点配置、沉降与变形监测点配置、技术状况评价配置、监测报告模板配置、App 发布配置	应用服务器
预警消息模块	用于设置和管理预警消息,包括关注预警的运维人员、预警消息发送、预警消息发送方式(短信、邮件、微信)等	应用服务器
安全监测模块	用于实时监测桥梁状况,包括荷载与环境监测、结构整体响应监测、结构局部响应监测	应用服务器
人工检查模块	用于人工巡查管理,包括日常巡查、沉降与变形监测、定期检查、技术状况评价	应用服务器

续表

模块名称	用途与功能	部署服务器
预警分析模块	实时采集监测数据后,云平台按照算法进行预警分析,超过阈值自动调用预警消息模块向关注预警的人员发送预警提醒	应用服务器
自诊断分析模块	针对现场部署的传感器设备可能出现损坏等情况,云平台每天自动进行自诊断分析,出现异常后自动调用预警消息模块向关注预警的人员发送预警提醒	应用服务器
评价分析模块	针对桥梁结构进行专业的评价分析,包括结构安全评价、刚度统计评价、运营性能评价、变形预测分析等	应用服务器
BIM 模型模块	展示桥梁三维模型,在模型上可查看构件基本信息、传感器位置以及监测数据等	应用服务器
720 云模型模块	基于 720 云服务开发的三维全景展示功能,可方便掌握桥梁状况	应用服务器
监控视频模块	对接部署在现场的监控设备,在云平台实时查看桥梁现场状况	应用服务器
监测报告模块	云平台提供自动生成监测报告功能,可满足业主的管理需求	应用服务器
档案管理模块	云平台提供前期、设计、施工、运营的档案上传和查阅功能,方便运维人员及时调阅	应用服务器
在线专家模块	云平台提供在线互动功能,运维人员遇到问题时可在线向结构专家提问,专家可通过第三方即时通信软件进行回复	应用服务器
App 模块	云平台提供移动设备的 App,实现运维人员的移动办公需求	移动终端设备
数据采集模块	云平台实时采集服务,可接入常用的传感器数据	采集服务器
接口服务模块	提供标准的接口功能,基于 RESTful 设计风格,方便第三方接入云平台	接口服务器

　　建立功能化模块协同工作机制,实现数据融合和调用,并且能够及时地对结构的运营及安全状况进行远程在线监测。对于监测对象的实时信息和各个模块的工作状态而言,可以利用云平台客户端进行查阅;同时,可基于预警模块分析功能获取结构预警信息(位置、数据等)并加以分析。各个模块之间的功能相对独立,能够脱离其他模块单独工作,使得整个运维云平台具备易维护性和升级改造空间。同时,各模块之间的信息可以共享,模块之间都是标准的接口设计,它们之间的数据通信提高了信息交互能力,避免资源的浪费。

5.4.2　移动办公功能

云平台移动办公可通过基于移动智能终端 App 来实现,为满足不同终端适配扩展,按照构件复用原则,手机、Pad 等智能设备端系统按以下几个方面进行设计:

①通用组件:对智能设备本身提供的 UI(User interface,用户界面/使用者界面)控件库,文件操作、网络操作等组件进行二次封装,为其智能设备业务功能开发提供快速、高效的调用支撑。

②消息、事件处理引擎:对控件事件处理、消息响应、网络请求消息响应与处理等需要智能设备业务功能与通用组件之间进行请求交互的行为,按照松散耦合、分层原则实现接口隔离,完成构件封装,为业务功能请求提供快捷、高效的调用支撑。

③业务处理:以移动终端操作系统云平台、通用组件、消息及处理引擎为基础的情况下,根据大跨度轨道桥梁运维移动巡检数据采集业务需求,完成以日常巡查、定期检查等业务功能为核心的移动 App 业务层设计。

④模板解析与服务调用:实现对移动 App 业务请求返回的业务模板进行解析,并根据不同移动 App 业务功能,通过服务代理完成不同服务调用。

云平台授权后,可通过授权账号登陆移动办公系统,同时也可通过移动端对基本信息(如头像、昵称等)进行修改维护,基于移动办公系统实现如下功能(可进行信息查看、处理等):安全监测、人工检查、预警分析、自诊断分析、评价分析、BIM 模型、720云模型、监控视频、在线专家等。

5.5　数智运维云平台存储分析

数据库系统设计是数智运维云平台数据中心的核心部分,由于结构实时监测,信息数据连续变化,生成的数据量庞大,同时数据显示、结构的损伤分析和安全评定对数据的实时性要求很高,因此云平台中网络数据库必须由高性能的大型网络数据系统所构成,并满足"桥梁云"综合管理体系对数据及时调用和管理的要求。在结构的损伤识别、模型修正和安全评估中要对传感器系统采集的各类历史数据进行分析,这些庞大的数据都要存储在云服务器中,由于云计算具备海量存储和计算的功能,能改变传统结构安全监测系统在这方面的不足。云中的数据库要全部承担结构监测过程中所有的信息数据,因此要具备以下功能:

①要有组织并能动态地存储庞大的关联数据,支持多组用户通过终端网络访问,

实现数据的网络共享,并支持应用程序的独立运行,将桥梁现场采集系统同云平台应用无缝地连接起来。

②动态快速地存储采集的变化数据,实时在线运行,并支持数据和分析结果的显示、查询和下载等。

③满足各监测子系统之间的数据传递、共享和交换的要求。

④支持用户通过浏览器对数据库中的数据和分析结果进行浏览查询。

针对轨道桥梁实时监测采集数据的类型,云平台需要存储至少三种数据类型:静态数据、动态数据和文件数据。静态数据指桥梁基本属性数据、传感器信息、结构动力性能参数值等;动态数据库是指外部荷载、结构整体(局部)响应和安全评价结果等;文件数据是指 BIM 模型、设计文件、竣工文件等。

综上,云平台数据存储应满足如下技术标准:

①对于分布式文件的系统来说,为了能够满足大量数据的存储需求,应采用一种可扩展的体系结构;此外,还需提供小、中、大文件的快速存储和检索程序,并提供统一的外部访问接口。

②分布式列式数据库不仅提供了分布式列式的数据,还应提供具有超大规模数据并行计算的能力。

③对于分布式关系型数据库而言,应该提供一种标准的 SQL 接口,这种接口具有高性能、高可用性和高扩展性等特点,并且该标准接口不仅要满足 SQL92、SQL99、SQL2003 标准的支持,还要满足 JDBC/ODBC 标准接口能正常使用的条件。

④准实时、高性能的内存 K-V 数据库应该由内存数据库提供,以满足计算存储的实时性和高并发性要求。

5.6 数智运维云平台接口分析

5.6.1 系统接口

运维云平台采用可扩容开放式接口技术,主要包括基于云计算的体系结构、网络通信接口以及数据接入接口三个方面。

1)基于云计算的体系结构

系统的服务体系管理结构主要由资源层、云平台层、应用层、用户访问层、管理层共同组成,云计算系统是通过服务网络方式来为用户提供信息服务的,因此系统云计算以整个服务网络为数据中心,如图 5.10 所示。

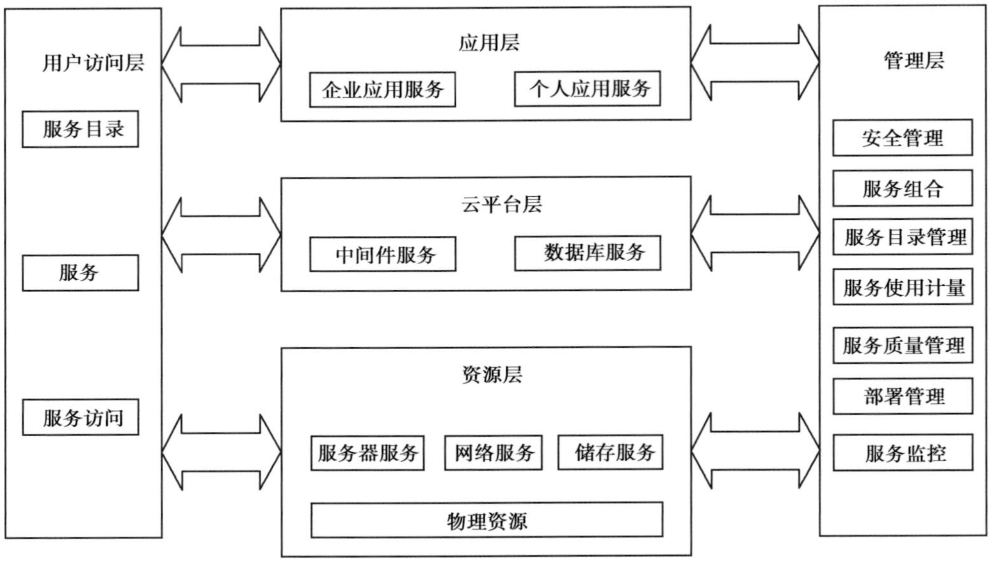

图 5.10　基于云计算的体系结构

(1)资源层

资源层指的是基础结构层次上的云计算服务,可以提供虚拟资源,从而隐藏对物理资源的复杂度。

物理基础资源系统常泛指各种物理基础设备,如网络服务器等。服务器管理服务一般泛指位于操作系统内的环境,网络服务一般泛指能够提供用户网络存储处理等功能的服务,例如网络防火墙、VLAN(Virtual local area network,虚拟局域网)、负载等。

(2)云平台层

云平台层向云端用户同时提供了对所有资源管理级别云服务的完整封装,使得云用户随时能够轻松构建他们的所有应用程序。数据库信息服务模块可以用于提供持续扩展和实现可持续拓展延伸的各种数据库信息处理服务功能。中间件查询服务系统可以为一个用户系统提供具有扩展性的事务消息中间件,或者用于事务处理的消息中间件查询服务等。

(3)应用层

一般来说,应用层分为企业应用和个人应用两种,可以提供软件服务。面向企业的用户程序就是企业应用服务,如监测服务、安全评价服务等;面向个人用户的服务就是个人应用服务,如预警短信、在线问题咨询等。

(4)用户访问层

为了使用户在云计算服务上更加便于使用,每一层都必须设置相应的访问界面,这些接口都是由用户访问层(提供各种支持服务的场所)进行供给。此外,随着使用者更快地筛选他们想要的云计算服务,一个服务列表也随之显示。用户查看已订阅服务或停止订购的服务,可以通过订阅管理系统来实现,其主要功能就是为用户提供管理性功能。服务访问,即为不同层次的云计算服务提供一个访问界面,用于访问资源层,它可以通过 Windows 系统或远程桌面访问,而通过 Web 接口等可能会对应用层提供相关的访问界面。

(5)管理层

管理层指的是对所有等级的云计算服务提供管理功能。安全管理具有许多功能,如对服务进行授权控制、审计、用户认证和一致性检验等。对于服务组合,可以根据当前的服务创建时间,来创造新的服务,这是由于它具有组合其自身的云计算服务功能所致。服务目录管理是提供自身及其服务目录的一种管理功能,它可以增加新服务和删除现有服务。对用户计费的基础是通过使用服务计量获得的有关用户使用状况的统计数据来判断的。服务性能、可扩展和可靠度的管理由服务质量控制提供。当用户在订阅管理中添加了新服务的订阅时,部署管理模块将自动为用户提供服务实例,并且部署管理为服务实例提供相应的记录,这是因为部署管理提供了自动的服务实例和配置方式。

2)网络通信接口

网络通信接口技术是保障系统物理层面开放的基础,网络接入技术经过多年发展现已成熟使用的有 ADSL(非对称数字用户线路)技术,高速以太网接入技术,光纤接入技术,以及近年国内普及的 4G/5G 通信技术,针对大跨轨道桥梁安全运维,采用光纤接入技术,外加 4G 辅助通信技术。

光波传输是用于光纤网络的主要技术之一。目前,光纤传输复用技术发展非常迅速,其中大部分已经在实际使用中。其中,复用技术用得最多的包括 TDM(有时分复用)、WDM(波分复用)、FDM(频分复用)、CDM(码分复用)等。根据用户对纤维的渗透程度进行划分,光波传输可以分为 FTTC(光纤到路边)、FTTZ(光纤到小区)、FTTO(光纤到小区)、FTTB(光纤到楼)、FTTH(光纤到家)等。对于光纤通信和有线电通信来说,这两者是有一定区别的。光纤通信是使用透明的光纤来传输光波,而有线电通信则是使用金属介质传输信号。虽然光和电都属于电磁波,但是它们的频率范围却大有不同。通常来说,光纤的工作频率为 $10 \sim 10^{15}$ Hz,而通信电缆的最高使用工作频率约为 10 Hz。

3)数据接入接口

数据监控终端通过 Internet 与信息管理中心通信,通信方案的选择直接影响系统的运行。

(1)Socket

Socket 是连接应用程序与网络驱动程序的桥梁,它可作为两个程序之间通信连接的端点,并在应用程序中创建,通过绑定方式与网络驱动建立了相应的联系。在此基础上,任何应用程序都会将数据传输到它的网络驱动程序中,然后再发送到网上。当 TCP 客户端与 TCP 服务器端通过 IP 和端口建立通信连接后,即可开始发送和接收数据。Socket 通信模型如图 5.11 所示。

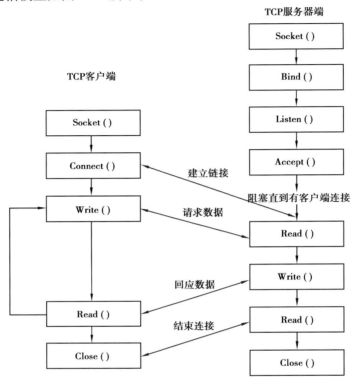

图 5.11　Socket 通信模型

（2）Web Service

对于 Web Service 而言,它是一个新的 Web 应用程序分支,可以发布、定位和通过 Web 调用,是自描述、自包含、模块化的应用;它可以实现在支持网络通信的任意操作系统上,也可以实现在网络通信中,还可以实现应用程序构建。数据和服务是通过其他应用程序提供的,要访问数据则通过一些规定的标准数据格式和网络协议来进行,通过其内部运行得到需要的结果,这是各应用程序所需的。无论对简单请求功能还是对复杂的商务管理功能,它都可以运行,而且跨云平台的互操作能力是其主要目标之一。为了实现这一目标,Web Service 完全基于独立于云平台和软件供应商的标准,例如 XML(可扩展标记语言)、XSD 等,并且它是一个创建可互操作的和分布式应用程序的新云平台。

（3）两类数据接入接口的区别

Socket 是历史悠久、应用广泛的线程间通信方案，其从底层直接利用 TCP（Transmission control protocol，传输控制协议），效率较高。Web Service 是新一代的面向网络接口服务的通信方案，具有接口规范、通用性强的特点。根据本系统需求及架构设计，应用 Socket 进行数据通信不实用，将导致开发重心落到通信协议的制订上，而 Web Service 开发快速，通用性强，因此通信方案应选择 Web Service。

外部访问接口的存在，使系统整体被隐藏，外部不需要知道信息管理中心的工作原理，直接访问接口即可完成交互。因此访问接口的设计应满足外部访问需求。从需求来看，信息管理中心为外部提供数据添加及查看接口，而且通信的数据类型应该具备序列化的能力。

5.6.2　系统组件调用

在云平台综合管理体系中的监测子系统均采用标准接口的 SCA 组件进行设计。组件调用关系如图 5.12 所示。SOA 架构提供的流程管理、任务编排和统一事件支持，能够将 SCA 组件进行重用和组装，满足用户的功能业务要求，采用 SOA 架构模式开发的系统功能应用软件将部署在云平台之中。

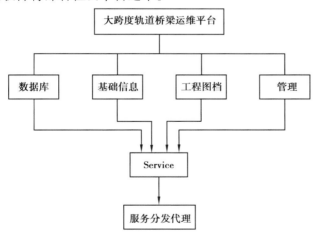

图 5.12　系统及云平台组件调用关系图

设计搭建了云平台综合管理体系，同时根据 SOA 架构要求对系统功能进行模块化设计，可以选用 Hadoop 作为管理配置工具为结构安全监测用户提供云端的基础设施。

在云计算平台设计过程中部署 SOA 基础框架，将设计开发的结构安全监测系统作为一个云服务部署在 SOA 基础框架之上，并对服务进行生命周期管理和维护，如图 5.13 所示。

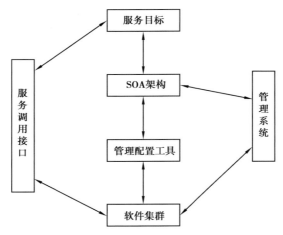

图 5.13　系统软件部署

通过 SOA 服务注册功能将"桥梁云"综合管理体系注册为一个云服务,生成的服务目录就是一个服务资源池,结构安全监测所有的功能软件都集成在这个资源池里,用户根据监测类型的需要通过服务调用接口选择所需的应用监测服务。通过系统管理功能可以监控云平台所提供服务的运行状态,及时为用户反馈系统的实时情况,以便做出决策。

采用 SOA 架构的服务设计,所有的功能软件都是由 SCA 服务组件构成,而 SCA 服务组件在设计的时候都采用标准统一的接口设计,对其他系统具有很强的适用性。因此,云计算和 SOA 的结合对于结构安全监测系统的开发具有重大意义。

5.7　数智运维云平台安全性分析

云计算模式基于数据、信息凭条可以解决现存的一些问题,包括集中数据传输、存储和多点监控,在提高效率的同时降低了数据中心建设成本。但是,由于其自身的虚拟化、无限性、流动性和其他属性,使得云计算的安全同样面临很多威胁,比如云计算滥用、数据泄露、账户和服务劫持、不安全的接口、拒绝服务攻击以及其他未知的风险情况,这些威胁对传统防御系统具有重大影响。

云平台安全问题也随之进入人们视野,与之相关的服务应运而生。各个企业、项目大都根据自身需求及对云安全的理解,结合自身专业特长,提出具有各自特色的安全方案。事实上,对于大跨度轨道桥梁数智运维云平台而言,云平台安全防护应该是一套完善的、整体的功能防护体系。因此,针对大跨度轨道桥梁数智运维云平台安全性,建立信息安全防护体系已成必然之势,云平台安全体系的建立,对于保障数智运维健康、有序的发展与安全、持续的服役意义重大。

基于上述背景与需求,一个可用、完整和保密的云安全体系,成为保证城市轨道交通桥梁业务安全的必要保障。系统安全的建立不在于单独某一方面或层次的安全问题,而在于是否有一个全面的安全体系,且应以"边界防护、系统自保、云平台统保、安全确保"的原则。信息系统安全体系是由安全管理体系和安全技术体系组成的。对于安全技术体系而言,自底而上存在五个安全层面:物理、网络、系统、应用和数据,详见表5.3。

表5.3　安全技术体系

技术层面	构成要素
物理安全	设备安全、环境安全、介质安全
网络安全	网络隔离、防火墙、入侵检测
系统安全	病毒方案、系统评估
应用安全	访问控制、用户授权、身份认证
数据安全	数据备份、数据加密

5.7.1　物理安全

1)硬件与系统软件层安全

对于云平台而言,外部网络、内部网络及安全生产网区域都应布置网络、计算和存储资源池,对于云平台上的次要主机,也应进行安全防护。

2)资源抽象控制层安全

支持网络、安全策略联动布置的双向身份校验机制应在 SDN 控制器、网络和设备之间建立,并受 SDN 控制,用以保护传输过程的安全。此外,定期而全面的安全检测对于 SDN 控制器和虚拟机监视器也是必要的,并根据测试结果采取相应的措施;同时,还应对虚拟机监视器的安全漏洞进行持续追踪,对所发现的问题应及时修补;为了保证控制器的可用性,还应进行冗余设计。

5.7.2　网络安全

1)防火墙系统

为了保证外网的安全,使各应用域之间的访问能够被正确控制,根据安全性的不同需要,相应的安全措施应该被实施,其中最为关键的一点便是应用域的周边都应设置防火墙。

2)监控检测系统

病毒和"黑客"攻击都是网络面临的重大威胁,同时内部人员错误操作也是威胁外网安全的重要因素。面对这些外部和内部的威胁,有效的网络安全监控和检测手段对于系统而言显得尤为重要。为了使网络的安全风险可控,必须建立一个智能、安全的体系,以做到入侵的实时侦测和响应,使网络安全风险下降,安全性不断增强。

网络监测检测系统应包括网络漏洞扫描、网站入侵测试系统和网站防篡改等系统,它们都采用了集中管理方式,可以实时对系统安全进行监控。

(1)网络入侵检测系统

入侵检测系统拥有自动、实时的特点,其能够对网络传输数据进行实时监控,对危险行为进行自动侦测,做到入侵的自动、实时的检测和响应,通过分析外部和内部的可疑数据,使系统在受到损害前发出预警,以便于对入侵作出实时响应,并提供相应的处理手段,为网络系统提供安全保护。

入侵检测系统可分为两部分,即安全控制中心和探测器,两部分分别安装在不同的主机上。探测器可以分析传入系统的数据,判断其是否安全。因为一个探测器只能监控一个网段,所以每个网段均需安装探测器以满足多网段需求,对所有探测器采用集中管理方式。安全控制中心作为集中管理中枢,负责制定安全规范、控制探测器、生成日志、发出报警、提供安全评估报告。

(2)漏洞扫描系统

漏洞扫描系统的主要任务是:检查系统和网络的安全漏洞,检查的时间应是定期或随机的;针对服务进程和对象信息生成报告;评估安全风险;根据评估结果提供建议,尽可能地降低安全风险。

3)安全审计

安全审计是网络安全的重要环节。目前对安全审计的理解还未在实用中获得统一,大家对安全审计的理解还停留在"日志记录"的层面。对安全审计的认识是非常浅的,因为目前绝大部分的系统都有不同程度的日志功能,然而这远远不能满足安全审计的需求,这些日志并不能保护系统的安全,甚至有些还不能满足事后调查和分析的要求。安全审计不是入侵检测,也不是日志功能的升级,真正的现代网络安全审计系统是分布式、多层次、全方位的强审计概念,以满足对安全审计实质性的要求。

4)主机保护

在重要网络中,有一些关键主机的安全仅通过防火墙保护是不够的,虽然通过防火墙系统的配置,用户无法直接访问后台业务计算机,但是如果"黑客"在攻陷某台开放的主机之后,就能够以该主机为据点,进一步攻击网管系统以及内部网的其他资源。其次,关键业务系统不仅需要防范外来的攻击,也要防范来自内部的攻击或误用滥用,防火墙对这种情况是无能为力的。

因此,要建立一个安全的信息系统,不仅要考虑安全网关、入侵检测、漏洞扫描、防火墙、安全测试、安全路由器、IP 隧道、虚拟网和监控产品,还要特别注意操作系统云平台的安全问题。

操作系统作为管理计算机的基础平台,它通过接口连接用户和计算机硬件。操作系统为其他各种软件提供一个基础平台,使其他软件可以在这个基础平台上安装并运行。因此,操作系统对于安装并运行在其上的软件的可靠性、信息完整性、保密性都起着至关重要的作用。操作系统的安全决定了主机系统的安全,主机系统的安全又决定了网络系统的安全。对于整个网络而言,其安全性又是由组成它的各个网络系统的安全所决定的。

由此可见操作系统安全的重要性,它是整个网络安全的基础。服务器和服务器上的数据是被攻击的最终目标,因此加强对关键服务器操作系统的安全性,成为加强系统总体安全性的核心。

操作系统外的另一个安全保护层便是主机保护系统。其通过提取内核数据,以增强操作系统的安全性。主机保护系统采用集中管理的方式,进行用户认证、审计及访问控制,克服了分散管理的许多不足。

5)容灾备份系统

对关键的网络和计算机设备、重要数据进行备份是保证网络安全可靠运行的重要手段。因此网络容灾备份系统要重点考虑。

(1)备份策略

①根据网络和设备的重要程度确定不同的备份策略——双机热备/离线人工;

②根据数据的关键程度确定不同数据的备份方案——备份完整程度、备份位置、备份时间。

(2)备份与恢复管理

为了很好地管理备份设备、执行备份策略和恢复数据,要有一套完善的备份管理系统。管理系统要有如下功能:

①集中式管理、跨系统备份:使用一个管理平台,管理整个系统的备份与恢复。

②自动化备份与恢复:自动完成备份与恢复,可减少人工失误,增加备份的可靠性。

③安全性与可靠性:备份前要进行病毒扫描,恢复时要验证。

④多磁带设备管理:可在最短的时间内对大量数据进行备份。

⑤灾难防治与重建:在系统和应用程序损坏的时候,能方便迅速地恢复系统。

6）防病毒系统设计

防病毒系统设计应做到全面、深入。在网络中，通过服务器防线和客户端防线，保证切断病毒的传播路线，摧毁病毒寄生节点，实现病毒的全面防范。

一个有效的防毒系统必须要集中管理。集中管理的优点在于：管理人员可以随时随地通过接入端管理整个防毒系统，系统的更新内容也可以通过管理系统及时推送给各个防毒系统，保证防毒系统拦截病毒的能力。

网络防病毒软件为网络内所有的云平台提供迅速而且稳定的实时病毒防护，并维持系统的最优性能。

通过上述架构，为网络构建了完整的病毒防护系统，对病毒可进行有效的集中管理，实现了对网络全面的病毒防护，完全可满足轨道信息网络的病毒防护需求。

7）物理隔离网闸

由于城域网与互联网发布云平台可能需要有数据交换，因此应在这个位置上部署一台物理隔离交换设备，使用网闸或专门开发的交换云平台系统。

5.7.3 系统安全

1）系统防病毒机制

系统应该提供防病毒软件以实现病毒预防、病毒查杀功能，在开机时启动自动防护功能，当输入文件时，防病毒工具会自动检测文件的安全性，如果发现病毒，便会马上发出警告，并作出相应的处置；同时防病毒软件还应该能够自动更新，自动下载最新补丁文件并安装。

2）分组/分级别权限访问机制

系统应该采用分组、分级别权限访问机制。用户登录系统必须提供用户名和密码，拒绝非法用户访问；对于合法用户，其操作不能超过其权限，低级别的操作人员无法行使高级别的操作；具备对系统管理员和业务管理员的管理权限，记录各管理员登录系统的情况。为了保证系统的安全性，以上操作都应该由系统安全管理模块统一管理。同时，对于口令，应提供可配置的有效期检查，以防止违反安全规定的事件发生。

3）高强度系统和数据库保护机制

操作系统和数据库系统要求符合 C2 级安全标准，应该时刻跟踪操作系统的补丁情况，及时打补丁并关闭所有不需要的服务；应该开启系统的安全审计和系统日志机制，以便记录完整的操作系统日志，便于事后对相关事件的审查和跟踪。

4）安全审计机制

系统应该开启的安全审计功能包括审计防火墙输入输出数据、审计操作系统、审计数据库、审计内容备份。

5）其他

除了上述需求外,还需根据具体需求,完善相关功能,如具备安全事件的告警、查询、分析、处理等功能。

5.7.4　应用安全

1）身份鉴别

身份鉴别应符合下列规定:

①每个用户都有唯一的身份标识码,并在登录时进行识别,密码要满足一定的复杂度并定期更换。

②登录失败时应有相应的处理措施,多次登录失败后应对账户进行必要的保护。

③初始密码只能使用一次,用户首次登录后被要求修改密码。

④用户密码丢失或失效时,应采用技术措施保障密码重置过程的安全。

2）访问控制

访问控制应符合下列规定:

①应提供访问控制功能,分配账户和权限给登录的用户。

②为避免共享账户的存在,应及时删除或停用重复、过期的账户。

③应对默认账户进行删除或重命名,修改默认账户的默认口令。

3）安全审计

安全审计应符合下列规定:

①审计记录应包括事件的类型、用户、事件结果、日期和时间及其他与审计相关的信息。

②审计对用户的覆盖要全面,对重要的用户行为要重点审计,不能放过重要的安全事件。

③应能够保护审计记录,定时备份,避免非预期的修改、删除或覆盖等。

④审计记录的保留时间应符合法律法规要求。

4）软件容错

资源控制应符合下列规定:

①能够限制系统的最大并发会话连接数。

②能够限制单个账户的多重并发会话。

③当双方在通信过程中有一方长时间未作出响应,另一方可自动结束通信。

5）资源控制

资源控制应符合下列规定:

①当通信双方中的一方在一段时间内未作任何响应时,另一方应能够自动结束会话。

②应能够对系统的最大并发会话连接数进行限制。

③应能够对单个账户的多重并发会话进行限制。

6)数据完整性

为了保证数据在传输过程中的正确性和完整性,应采用校验码技术对数据进行查错,能够通过校验码检查的才被认为是有效的数据。

7)数据备份恢复

数据备份恢复应符合下列规定:

①应提供数据本地备份与恢复功能,特别是针对重要数据。

②应提供数据异地备份功能,通过网络将重要数据定期转移至备用服务器。

8)剩余信息保护

应确保内存被释放或重新分配前,所存储的信息得到彻底清除。

9)个人信息保护

仅采集和储存业务必要的用户信息,同时阻拦无权访问和非法使用用户个人信息。

5.7.5　数据安全

针对敏感数据存储,采用如下安全机制:

①业务系统把敏感信息传递给安全系统。

②安全系统把改组信息加密后持久化到数据中。

③安全系统把改组数据对应的加密标识字段返回给业务系统。

④业务系统收到经加密处理的信息后进行相应的存储。

针对敏感数据查询,采用如下安全机制:

①业务系统把待查数据的加密标识字段发送给安全系统。

②安全系统把加密标识对应的内容解密后返回给业务系统。

5.8　本章小结

随着轨道桥梁建设速度加快、运维需求提高,运维信息化进程相对滞后,加之信息

爆炸、信息冗余、信息安全等系列严峻问题凸显,构建基于云计算的数智运维云平台尤为重要。由此,本章开展了以下研究:

①从云计算分析着手,提出基于云体系模式的轨道桥梁数智运维云平台构建方法,实现对桥梁结构运维信息的实时感知与综合管理,并将人工检查信息同步接入,实现检测、监测信息一体化有效存储、管理、分析,建立桥梁安全状态实时评价和预警机制。

②根据云体系模式及实际的管理、功能特点,进行数智运维云平台架构分析,明确系统组成及功能需求分析,从网络架构、系统架构、功能模块、数据存储、系统接口等层面进行分析与探究。

③结合云计算技术及服务特点,在确定安全防护需求基础上,采用多种技术手段,从物理安全、系统安全、网络安全、数据安全、应用安全多个方面,搭建系统化、层次化云平台安全防护系统,以保证桥梁安全和云平台信息安全。

第6章　应用实践

6.1　概述

针对大跨度轨道桥梁运维需求,本书构建了由运维状态感知、线形演化分析、运维决策分析、运维云平台构建等组成的数智运维技术体系,并在前述各章节进行了阐述与分析。本章基于大跨度轨道桥梁数智运维技术体系,以重庆轨道交通六号线二期工程蔡家嘉陵江轨道专用桥——国内首座轨道专用混凝土单体斜拉桥为应用实例,开展了一些应用实践。

首先,明确了大桥运维状态表征特征指标,构建了人工检查与实时监测相结合的评价体系,跟踪掌握了桥梁状态;其次,剖析了运营期线形演化规律;最后,借助信息技术、传感技术、结构分析等多学科知识体系交叉融合应用,突破学科壁垒,建立了大跨度轨道桥梁数智运维云平台,并将应用工程运维信息接入了数智运维云平台,有效提供预警,为大桥的管理和维护提供充分依据,保障了大桥的安全运营。

6.2　工程背景

1)工程概况

重庆市两江新区蔡家嘉陵江轨道专用桥是一座大跨度轨道混凝

土斜拉桥,位于金山寺站—曹家湾站区间内,南接礼嘉组团,北连蔡家组团,横跨嘉陵江,如图6.1—图6.2所示。

图6.1　蔡家嘉陵江轨道专用桥效果图

图6.2　蔡家嘉陵江轨道专用桥实景图

该桥梁的结构形式为双塔双索面混凝土斜拉桥,采用塔梁固结,跨径布置为60 m+135 m+250 m+135 m+60 m,横向布置为1.5 m(拉索区)+1.4 m(检修道)+4.6 m(行车道)+4.6 m(行车道)+1.4 m(检修道)+1.5 m(拉索区)。主塔采用菱形塔,辅助墩为矩形截面空心桥墩。斜拉索共56对,采用钢绞线,标准强度f_{pk} = 1 860 MPa,外包HDPE外套管。主梁采用单箱单室等梁高混凝土箱梁,混凝土为C55,每8 m为一个节段,在斜拉索处设置斜拉索横梁,横梁两端设斜拉索锚块。

主桥桥型布置、主梁剖面、主塔剖面和斜拉索剖面如图6.3—图6.6所示。

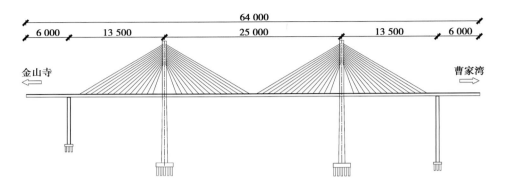

图6.3　主桥桥型布置图(单位：cm)

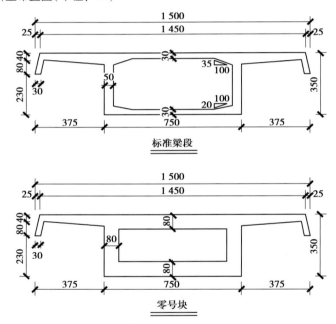

图6.4　主梁剖面图(单位：cm)

2)结构计算分析

采用 Midas/Civil 进行依托工程理论计算分析,结构建模相关参数说明如下：

(1)节点和单元的划分

有限元模型共划分为819个节点、583个梁单元、112个桁架单元。其中,主梁、辅助墩和桥塔模拟为空间梁单元,斜拉索为桁架单元。单元局部坐标轴方向为：

①主梁:x 轴沿顺桥向,y 轴沿横桥向,z 轴沿竖桥向。

②桥塔(墩):x 轴沿竖桥向,y 轴沿横桥向,z 轴沿顺桥向。

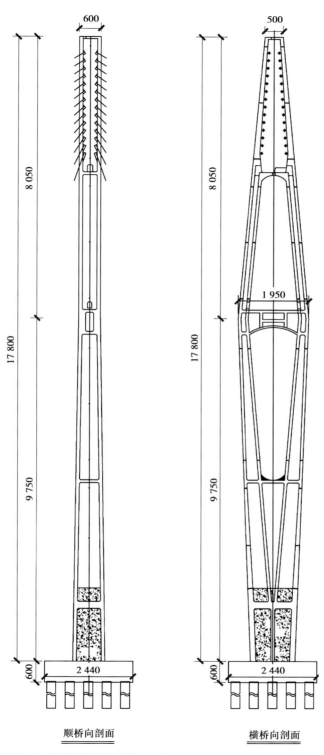

顺桥向剖面　　　　　　横桥向剖面

图 6.5　桥塔剖面图(单位：cm)

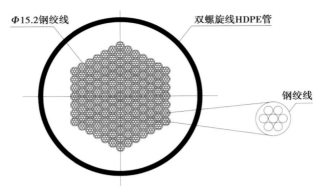

图 6.6 斜拉索剖面图

（2）特性值的选择

①材料：主梁、桥塔、辅助墩均采用混凝土；斜拉索采用镀锌钢绞线，抗拉强度为 1 860 MPa；预应力钢束采用高强度低松弛七股型钢绞线，抗拉强度为 1 860 MPa。

②混凝土收缩徐变：依据《城市轨道交通桥梁设计规范》（GB/T 51234—2017）规定：“混凝土的收缩、徐变影响宜按现行行业标准《公路钢筋混凝土及预应力混凝土桥涵设计规范》（JTG D62）的规定执行”，而该规范采用的收缩徐变模型基本是对 CEB-FIP 模型的修正和改进，故结合收缩徐变试验研究和环境因素测试分析，在进行背景工程结构刚度分析以及有限元确定性分析与统计学分析、安全监测分析进行对比时，混凝土收缩徐变模型的选取参照《城市轨道交通桥梁设计规范》（GB/T 51234—2017）进行。

③构件截面特性：按照结构实际尺寸进行取值。

（3）边界条件的确定

根据结构实际情况分别进行模拟，桥塔（墩）底部采用完全固结方式，桥塔与主梁采用刚性连接，在交界墩顶设置横桥向和竖桥向约束，在辅助墩边界处设置横桥向、竖桥向和纵桥向约束。在 Midas/Civil 模型中，通过把辅助墩、交界墩的连接点设置为主节点，主梁的连接点设置为从属节点，然后指定从属节点在某方向的自由度从属于主节点在该方向的自由度来模拟这种铰接形式。

（4）荷载与荷载组合

计算荷载包括结构自重、附属设备和附属建筑自重、预应力、斜拉索张拉力（含初张拉力、二期索力调整）、列车竖向静活载、列车横向摇摆力、温度影响力（含体系升降温、构件升降温、梯度升降温）、风力（含横向风、纵向风、列车风）、流水压力等，同时，考虑 20 年收缩徐变和施工临时荷载（如支架、合龙吊架、配重等），依据《城市轨道交通桥梁设计规范》（GB/T 51234—2017）、《铁路桥涵钢筋混凝土和预应力混凝土结构设计规范》（TB 10002.3—2005）、《地铁设计规范》（GB 50157—2013）等规范，进行荷载组合。

（5）施工阶段的划分

结合施工图设计，依据施工组织设计，进行施工阶段的模拟。

（6）其他

钢筋、预应力钢筋、移动荷载分析等，均按施工图设计、施工组织设计和相应的规范规程进行模拟。

综上，建立背景工程的有限元模型，如图6.7所示。

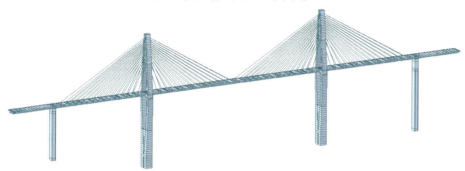

图6.7　桥梁有限元模型

依据有限元模型，进行结构刚度分析。结果表明，结构在列车静活载作用下，边跨竖向挠度极值为66 mm，中跨竖向挠度极值为159 mm（图6.8），横向振幅极值为7.9 mm（图6.9），梁体在摇摆力、离心力和风力的作用下，横向水平挠度极值为24 mm，均在规范限值范围内，故结构刚度满足要求。

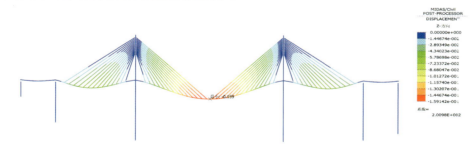

图6.8　列车静活载作用下主梁竖向挠度（单位：m）

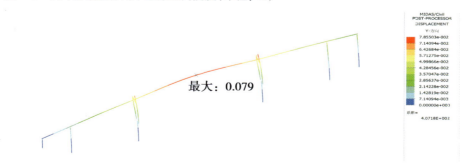

图6.9　主梁横向振幅（单位：dm）

蔡家嘉陵江轨道专用桥于 2014 年建成通车,为保障大桥的交通畅通、安全服役,需加强其服役期间的信息化管理水平,将人工检查、安全监测等技术手段相结合,获取桥梁运营期间实际状态。由此,针对蔡家嘉陵江轨道专用运维安全需求及现场具体情况,提出了构建基于结构状态感知的长期安全监测系统,并按需执行人工检查,二者相辅相成,提高运营期的数字化、信息化手段,提升管养维护效率,延长大桥使用寿命,为大桥的安全运营保驾护航。

6.3　桥梁状态感知

自桥梁运营通车后,在列车荷载、多变环境因素等持续作用下,结构材料会逐步老化,材料刚度和强度亦随持续服役时间增加而降低,桥梁面临着性能退化、使用寿命受损的威胁。蔡家嘉陵江轨道专用桥作为全国首座轨道交通专用混凝土结构单体斜拉桥,具有墩高、桥窄、跨度大、刚度小等结构特点,运行舒适度要求高、安全运维要求高。因此,针对该桥的桥梁状态感知技术手段应当全方面,兼顾广度与深度,实现较为全面的结构性态获取与状况评定。对蔡家嘉陵江轨道专用桥的安全状况进行在线安全监测与实地人工检查,感知桥梁工作状态,以此为依据对其安全状态作出评价,利用信息化、数字化的手段为大桥的运营维护助力。

6.3.1　人工检查

1)检查项目

大跨度轨道桥梁人工检查的主要内容包括表观损伤,内部缺陷,静、动态力学性能及几何参数检测等多个方面。为观测了解结构的实际受力状况和工作性能,为大桥的营运及养护提供科学依据和指导,应对蔡家嘉陵江轨道专用桥进行人工检查。综合背景工程特点与既有的成熟检测手段,确定从如下几个方面开展人工检查工作:

一是桥梁表观病害检查,包含桥面系、钢筋混凝土主梁内部与外部、桥塔内部与外部、桥墩桥台、斜拉索表观病害检查。

二是基于无损检测手段的缺陷识别,包含斜拉索索力测定、混凝土回弹强度及碳化测定、钢筋保护层厚度测定、钢筋锈蚀测定。

三是结构整体响应与结构几何参数测定,包含主塔倾斜度、主梁竖向变形与桥面线形测定。

四是结构振动特性测定,包含连续横向振动测定。

2）现场检查照

结合经验观察、仪器测定等方式,获取了大桥状况。大桥存在的部分病害如图6.10 所示。

（a）斜拉索锚固端涂层剥落、局部锈蚀

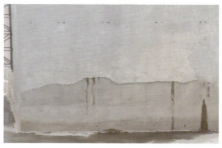
（b）桥墩表面涂层剥落

（c）桥面网状裂缝

（d）管线槽盖板缺失

（e）箱梁顶板纵向裂缝

（f）桥塔塔身泛碱

图6.10　现场检查发现的桥梁病害

3）技术状况评价

将桥梁划分为桥面系及附属设施、上部结构、下部结构三大组成部分,分别采用多指标分层次方式进行技术状况评价,再按照一定权重计算,则可获取桥梁总体技术状况评价分值及等级。桥面系及附属设施、上部结构、下部结构的部件、构件及其相应的评价指标等均不相同,权重大小也各异,须结合桥梁结构体系以构件为基本单元逐一进行评定。

该桥梁为大跨度轨道斜拉桥,首先对结构进行分解及权重划分:桥面系及附属设施可划分为伸缩缝、栏杆、桥面防排水、其他(桥面保护层、避雷装置、各种标志等),权重大小依次为 0.20、0.30、0.30、0.20;上部结构可分解为桥塔(含主墩)、斜拉索、主梁、支座,权重大小依次为 0.35、0.25、0.35、0.05;下部结构可分解为桥墩桥台和塔座与基础,权重大小依次为 0.45、0.55。

现以桥面系及附属设施技术状况评价为例,其主要的计算过程为:

(1)构件划分、检测指标及病害标度统计

伸缩缝、栏杆、桥面防排水部件进一步划分为构件,构件划分、检测指标及病害标度见表 6.1。其中,构件检查指标依据 2.2.2 节内容,病害标度依据病害程度确定(完好为"1",轻微病害为"2",严重病害或损坏为"3")。

表 6.1　桥面系及附属设施的构件/部件划分、检测指标及病害标度

构件/部件划分		检测指标	检测指标可能达到的最高标度	病害标度
伸缩缝	1#伸缩缝	锚固与漏水状况	4	1
		锈蚀	3	2
		伸缩机构	3	1
	2#伸缩缝	锚固与漏水状况	4	1
		锈蚀	3	1
		伸缩机构	3	1
栏杆	1#跨栏杆	表观状况	3	1
	2#跨栏杆	表观状况	3	2
	3#跨栏杆	表观状况	3	1
	4#跨栏杆	表观状况	3	1
	5#跨栏杆	表观状况	3	1
桥面防排水	1#(合计 1 个)	表观状况	3	2
其他	1#(合计 1 个)	表观状况	3	1
		功能状况	3	1

(2)构件、部件技术状况评分值计算

针对构件,依据病害标度进行扣分,评分值计算按式(6.1)进行。

$$F_{GJ} = 100 - \sum_{i=1}^{k} U_i \qquad (6.1)$$

式中　$i = 1, U_1 = D_1$;

$$i \geqslant 2, U_i = \frac{D_i}{100\sqrt{i}}\left(100 - \sum_{j=1}^{i-1} U_j\right);$$

F_{GJ}——构件技术状况评分值;

k——构件技术状况评分检测指标数量;

i, j——分别为构件技术状况评分检测指标按扣分值大小排序,其中扣分值参照表 6.2;

D_i——序号为 i 的检测指标相应的扣分值;

U_i——序号为 i 的检测指标最终扣分值。

表 6.2　构件对应的检测指标扣分值

检测指标最高标度	实际采用的检测指标标度				
	1	2	3	4	5
3	0	20	35	—	—
4	0	25	40	50	—
5	0	35	45	60	100

同类构件共同组成部件,部件得分计算按(6.2)进行。

$$F_{BJ} = \overline{F_{GJ}} - \frac{100 - \min(F_{GJ})}{t} \tag{6.2}$$

式中　F_{BJ}——部件技术状况评分值;

$\overline{F_{GJ}}$——同类构件技术状况评分平均值;

$\min(F_{GJ})$——同一部件中最低的构件评分值;

t——系数,随构件数量变化,取值参照表 6.3。

表 6.3　部件评分时系数 t 取值(n 为同类构件的数量)

n	t	n	t	n	t	n	t	n	t
1	∞	7	8.7	13	7.5	19	6.72	70	3.6
2	10	8	8.5	14	7.3	20	6.6	80	3.2
3	9.7	9	8.3	15	7.2	30	5.4	90	2.8
4	9.5	10	8.1	16	7.08	40	4.9	100	2.5
5	9.2	11	7.9	17	6.96	50	4.4	≥200	2.3
6	8.9	12	7.7	18	6.84	60	4.0		

注:未列出的 t 值可按插值法计算。

（3）桥面系及附属设施技术状况评分值

桥面系及附属设施技术状况评分值计算按(6.3)进行。

$$F_{FS} = \sum_{i=1}^{n} F_{BJ} W_i \qquad (6.3)$$

式中 F_{FS}——桥面系及附属设施的整体技术状况评分值；

F_{BJ}，W_i——组成构件得分及相应的权重；

n——组成构件类别数。

桥面系及附属设施技术状况评价结果见表6.4。

表6.4 桥面系及附属设施技术状况评价结果

部件名称	权重 W_i	部件得分 F_{BJ}	桥面系及附属设施状况评分值
伸缩缝	0.20	88.00	89.75
栏杆	0.30	93.83	
桥面防排水	0.30	80.00	
其他	0.20	100.00	

上部结构、下部结构技术状况评价参照上述方法或流程分别进行计算,此处不作详述。基于桥面系及附属设施、上部结构、下部结构各自评分及在全桥中权重进行加权综合,最终结果见表6.5。

表6.5 桥梁总体技术状况评价结果

桥梁部位	在全桥中的权重	桥梁部位评分	桥梁总体技术状况评分
桥面系及附属设施	0.15	89.75	91.40
上部结构	0.45	90.17	
下部结构	0.40	93.41	

根据人工检查结果,桥梁总体技术状况评价等级为一类,处于良好状态。依据表2.5,蔡家嘉陵江轨道专用桥应执行日常养护(至下一次定期检查或专项检查)。

6.3.2 安全监测

1)基于有限元分析的状态包络区间构建

基于有限元仿真分析模型,获取安全监测所需理论值,考虑的荷载因素包括活载、横向摇摆力、制动力、温度荷载、风荷载、流水压力等,将分项荷载予以组合,构建结构正常状态包络区间。需要说明的是,蔡家嘉陵江轨道专用桥安全监测项目参考2.3.2节内容,具体见后文。

以主梁关键截面变形正常状态包络区间为例,理论计算结果如图 6.11—图 6.13 所示,主梁跨中截面变形理论计算结果见表 6.6。

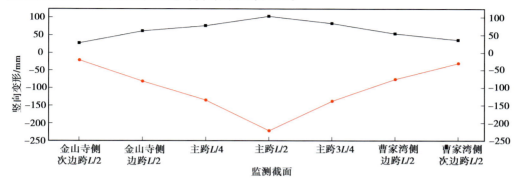

图 6.11　主梁关键截面竖向变形正常状态包络区间

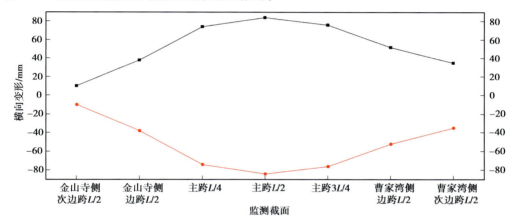

图 6.12　主梁关键截面横向变形正常状态包络区间

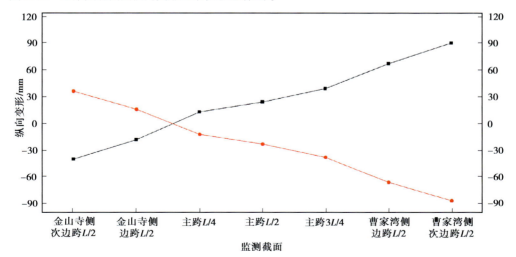

图 6.13　主梁关键截面纵向变形正常状态包络区间

表6.6 主梁跨中(主跨 $L/2$)截面变形理论计算

单位:mm

荷载		竖向变形	横向变形	纵向变形
活载	列车 min	−154	−1	−8
	列车 max	31	1	8
横向摇摆力	+	0	3	0
	−	0	−3	0
列车制动力	+	0	0	4
	−	0	0	−4
温度荷载	体系升温	21	0	4
	体系降温	−21	0	−4
	构件升温	−41	0	1
	构件降温	41	0	0
	梯度升温	10	0	1
	梯度降温	−5	0	0
风荷载	横向风+	0	71	0
	横向风−	0	−71	0
	纵向风+	0	0	7
	纵向风−	0	0	−7
	列车风+	0	7	0
	列车风−	0	−7	0
流水压力	+	0	2	0
	−	0	−2	0

注:主梁竖桥向下挠为负,反之为正;横桥向沿下游至上游偏位为负,反之为正;纵桥向沿大里程至小里程偏位为负,反之为正。

2)安全监测系统构建

依据大跨度轨道混凝土斜拉桥运营安全监测项目、控制截面选择原则、测点优化布设方法等,主桥传感器测点布置及数量如图6.14所示。

由图6.14可以看出,布设的数据采集设备包括应变传感器、静力水准仪、位移计、倾斜仪、GNSS、穿心锚索计、雨量计、加速度传感器等,结合工程施工进度,在构件对应位置,适时安装安全监测传感器,典型传感器安装示意如图6.15所示。

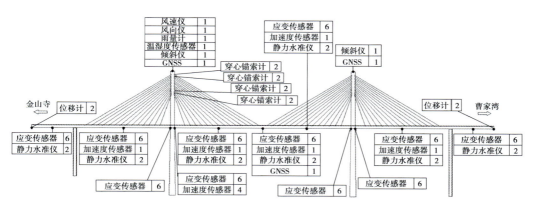

图 6.14 主桥传感器总体布置图

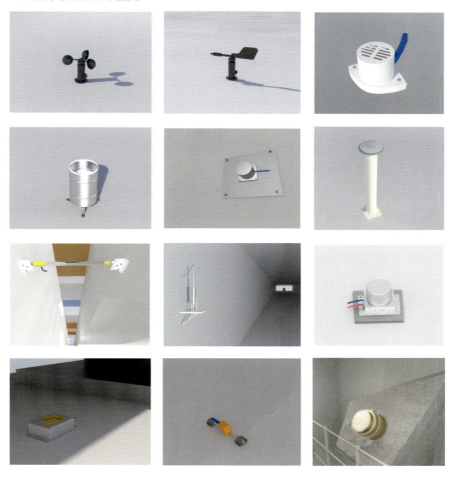

图 6.15 典型传感器安装示意图

①主梁:安装监测主梁跨中空间变形的 GNSS;安装监测主梁长期静态变形的静力水准仪;安装测量伸缩缝宽度的位移传感器;在主梁顶板下缘和底板上缘,沿纵桥向表

贴含结构温度测试功能的振弦式应变传感器,进行初值温差修正,与施工过程中监控预埋的对应应变传感器建立应力-时间关系曲线的相关性函数,实现桥梁结构在恒载和活载作用下的应力监测;安装测试动力特性的加速度传感器。

②斜拉索:施工阶段斜拉索张拉前,在斜拉索与桥塔的锚固处,预埋智能温度型穿心锚索计(为准确测量偏心荷载作用下斜拉索端部索力大小,采用六弦智能型),进行索力监测。

③桥塔:在塔顶位置安装倾斜仪和GNSS,并设置环境因素监测站,监测内容包括风速、风向、降雨量、温度和湿度。

数据采集传输、数据处理、数据存储与管理、预警系统共同构成蔡家嘉陵江轨道专用桥安全监测软硬件系统。其中,数据传输采用有线传输与无线传输相结合的方式,数据由传感器传输至采集箱、由采集箱传输至监测室为有线传输方式,外部访问系统服务器为无线传输方式;数据处理系统具备数据降噪、修复、重构、提取特征值等功能;数据存储与管理包含了监测设备数据库、监测信息数据库、结构模型信息数据库、评价分析数据库和用户数据库等;预警系统建立预警机制并提供自动预警解决方案,包括Web应用系统、手机App应用系统、即时通讯软件(如钉钉)预警信息。此外,监测室布设了安全监测设备(工控机、UPS、电源、服务器等)及人工检查设备。由此,完成了蔡家嘉陵江轨道专用桥安全监测系统的设备设施布设、安装与系统搭建。

3)安全状态评价与分析

完成了安全监测系统整体调试后,在列车通行前,以02:00作为基准时刻进行监测信息实时、在线、动态采集。其中,GNSS按间隔10 s自动采集一次,加速度传感器连续不间断采集,其他传感设备均按间隔600 s自动采集一次。采用有线传输的方式,监测信息传输至服务器,执行数据处理与分析。以其中一天为例(距离基准时刻时间短,可不计入收缩徐变影响),说明结构刚度的监测结果并进行数据分析。

GNSS采集的主梁主跨跨中空间变形信息,经基线解算软件(Spider)和分析软件(Geomos),得出相对基准时刻的主梁跨中竖向、横向和纵向变形,进行温度因素影响修正后,监测信息进入分析体系,结果如图6.16—图6.18所示。

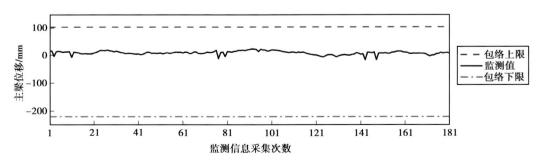

图6.16　主梁主跨跨中竖向变形

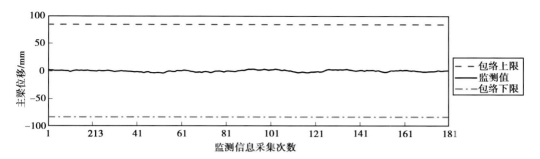

图 6.17 主梁主跨跨中横向变形

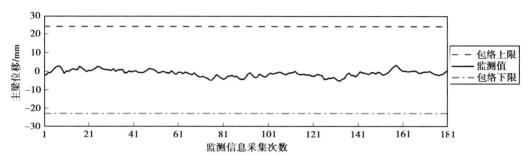

图 6.18 主梁主跨跨中纵向变形

依据图 6.16,主梁跨中位置竖向变形,荷载效应监测极值 $f_{S1(max)}$ = −24 mm,向下挠,在正常状态包络区间[−221 mm,103 mm]内,荷载效应理论计算极值,故 $f_{S1} \leqslant f_{M1}$,竖向刚度正常;依据图 6.17,主梁跨中位置横向变形,荷载效应监测极值,沿上游至下游偏位,在正常状态包络区间[−84 mm,84 mm]内,荷载效应理论计算极值 $f_{M2(max)}$ = 84 mm,故 $f_{S2} \leqslant f_{M2}$,横向刚度正常;依据图 6.18,主梁跨中位置纵向变形,荷载效应监测极值 $f_{M3(max)}$ = −17 mm,沿大里程至小里程方向偏位,在正常状态包络区间[−23 mm,24 mm]内,荷载效应理论计算极值,故 $f_{S3} \leqslant f_{M3}$,纵向刚度正常。依据式(2.4)可知,$f_S \leqslant f_M$,故桥梁结构刚度处于正常状态。

4)运营性能

现以背景工程为例,进行运营性能分析,主要内容如下(具体方法及流程参照 2.3.4 节与 3.6.2 节):

①列车竖向加速度控制限值取 a = 1.5 m/s²(参照表 2.14),桥面无初始变形时,考虑随机不平顺,进行车桥耦合振动分析,得到列车运行舒适性和运行安全性指标的最大值,并与控制限值进行比较,结果见表 6.7。由此可知,运行安全性指标、竖向加速度指标和横向加速度指标均在控制限值内,Sperling 指数处于"优秀"和"良好"状态,故满足运营性能要求。由此,桥面无初始变形时的列车竖向加速度 a_1 = 1.100 m/s²,则桥面初始变形对应的竖向加速度 $a_2 = a - a_1 = 0.400$ m/s²。依据设计车速为 100 km/h,计算最小曲率半径得 r = 1 929 m。

表 6.7　列车响应计算最大值与分析评定

工况	车速/ (km·h⁻¹)	脱轨系数 Q/P		轮重减载率 ΔP/P̄		轮对横向力 /kN		竖向加速度 /(m·s⁻²)		横向加速度 /(m·s⁻²)		Sperling 指数			
												竖向		横向	
		计算	评定	计算	评定	计算	评定	计算	评定	计算	评定	计算	评定	计算	评定
无初始变形	60	0.193	满足	0.255	满足	26.68	满足	0.745	满足	0.678	满足	2.155	优秀	1.972	优秀
	80	0.213	满足	0.281	满足	29.16	满足	0.932	满足	0.934	满足	2.352	优秀	2.326	优秀
	100	0.239	满足	0.296	满足	29.73	满足	1.100	满足	1.179	满足	2.508	良好	2.521	良好

②取升温 30 ℃、降温 25 ℃两种工况,分析桥面变形曲线,结果如图 6.19 所示;桥面竖向变形最小曲率半径分析:按全桥均布荷载、中跨均布荷载、中跨和次边跨均布荷载三类工况,取荷载 100 kN/m,桥面竖向变形结果如图 6.20 所示,对应的最小曲率半径位置如图 6.21 所示。

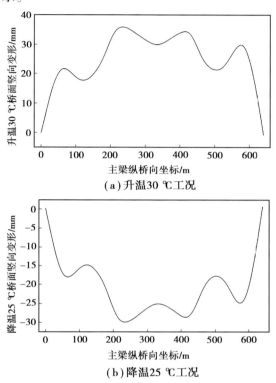

(a)升温30 ℃工况

(b)降温25 ℃工况

图 6.19 不同温度荷载作用下的桥面变形分析

由图 6.19 可知:升温状态下,桥面最大竖向变形为 35.816 mm,最小曲率半径为 18 761.1 m;降温状态下,桥面最大竖向变形为 29.846 mm,最小曲率半径为 22 987.9 m,均位于辅助墩位置,而单线 6 节编组轨道列车产生的跨中竖向变形为 81.822 mm,故验证了将温度荷载作用变形考虑为初始变形是可行的。

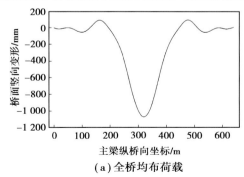

(a)全桥均布荷载

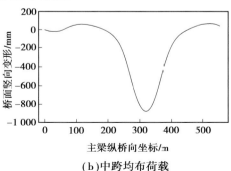

(b)中跨均布荷载

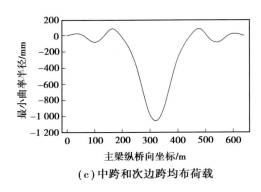

（c）中跨和次边跨均布荷载

图 6.20　均布荷载作用下桥面竖向变形分析

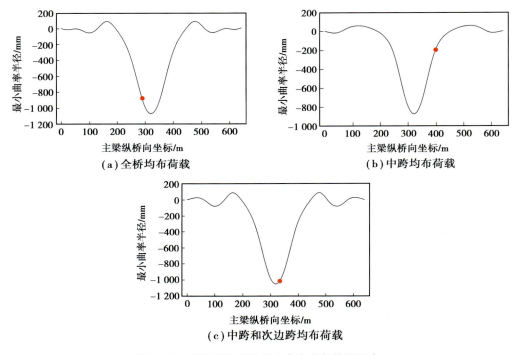

（a）全桥均布荷载

（b）中跨均布荷载

（c）中跨和次边跨均布荷载

图 6.21　桥面竖向变形最小曲率半径位置示意

　　通过全桥均布荷载、中跨均布荷载、中跨和次边跨均布荷载下的桥面变形曲线计算，即可分析在相同挠跨比下，哪一种工况具有最小的曲率半径。经试算，结果表明，当中跨挠跨比为 $L/2\,000$ 时，中跨均布荷载工况最为不利，最小曲率半径仅 367 m，全桥均布荷载工况最小曲率半径为 609 m，中跨和次边跨均布荷载工况最小曲率半径为560 m。

　　③确定桥面初始变形曲线，并经分析初定最大竖向变形安全控制值为 $L/400$。

　　④验证最大竖向变形安全控制值的合理性，确定最大竖向变形安全控制值和预警控制值。

　　在初始变形(温度荷载模拟)和列车荷载(均布荷载模拟)作用下,最大竖向变形安全控制值为 $L/400$ 时,经车桥耦合振动分析验证,当最大竖向变形安全控制值为 $L/400$ 时,脱轨系数最大值为 0.624,轮重减载率最大值为 0.547,轮对横向力最大值为 34.540 kN,最大横向加速度为 1.179 m/s²,均在控制限值内,故满足要求,而最大竖向加速度为 1.475 m/s²,接近控制限值 1.5 m/s²,且 Sperling 指数已达 2.911(竖向),即将达到"合格"限值,运营性能即将处于"不合格"状态,故最大竖向变形安全控制值取 $L/400$ 是合理的,且取安全系数为 1.25,则最大竖向变形预警控制值为 $L/500$。背景工程变形分级控制限值见表 6.8。

表 6.8　主跨 250 m 的轨道专用混凝土斜拉桥——变形分级控制限值

分级指标	最大竖向变形控制值	永久性变形控制值
安全控制值	$L/400$	$L/400-\beta$
预警控制值	$L/500$	$L/500-\beta$

注:β 为非永久性变形。

　　基于表 6.8 中给定的变形分析控制限值,依据安全监测数据,针对背景工程进行工作状态判定。假设实际运营列车达到设计荷载且实际温度降低了 20 ℃(因流水压力和风荷载主要是对主梁横向变形有影响,进行竖向变形分析时,暂不考虑该类因素影响;依据安全监测和定期检查,结构在运营阶段未出现严重事件,如斜拉索断裂、基础沉降显著等),依据有限元分析,结构在列车静活载作用下,中跨竖向变形为 159 mm,降温 20 ℃,主跨跨中变形为 22 mm,故永久性变形预警控制值为 $L/500-\beta=500$ mm-(159+22)mm=319 mm,依据 02:00 GNSS 监测系统采集的变形监测信息,在成桥后 3 年期,中跨跨中竖向变形为 65 mm,没有达到预警控制值,故结构线形处于可控状态。

　　综上,经应用分析,验证了大跨度轨道混凝土斜拉桥永久性变形分级控制限值的合理性,依据永久性变形安全控制和预警控制,可有效指导结构在运营阶段的线形调控。

6.4　线形演化分析

1)不同收缩徐变模型的线形演化分析

混凝土材料收缩徐变机理复杂,影响因素众多,预测模式差异性较大,如依据混凝土徐变预测模型的建立机理,徐变预测模型分为了两类:一类是通过理论分析,构建预测模型体系,经过试验数据拟合,确定相应参数,从而得到预测模型,如 CEB-FIP 模型,这类模型具有比较明确的物理意义,并随理论发展而不断完善;另一类是通过对大量试验数据分布现象进行观察研究,构造出的预测模型,如 ACI 模型。在进行大跨度轨道混凝土斜拉桥线形演化分析时,依据有限元方法计算采用的收缩徐变模型中,材料参数基本都是依据试验数据,经回归拟合确定,而通过回归方法得到的参数与现场实际情况仍存在差异,加上试验条件的局限、不同模型考虑的影响因素不完全相同,导致分析结果大相径庭。因此,有必要对不同的收缩徐变模型进行分析比较,以期在工程应用中,综合考虑材料物性参数与环境因素,选择合适的收缩徐变模型。本文选用 CEB-FIP(1990)、ACI 209R(1992)、EC2 三种典型模型,按成桥半年、1 年、2 年、3 年、5 年、10 年和 20 年计,进行线形演化分析。

(1)CEB-FIP(1990)模型

CEB-FIP(1990)模型考虑的参数主要包括环境相对湿度、构件形状和尺寸、加载龄期、持荷时间、环境温度、水泥品种、弹性模量,当时间为 1 年、3 年、10 年、20 年时,徐变系数分别为 0.99、1.26、1.47、1.54,其混凝土徐变系数随时间变化的关系如图 6.22 所示,计算得到因收缩徐变引起的主梁线形演化如图 6.23 所示。

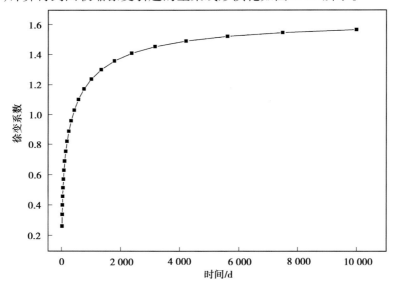

图 6.22 CEB-FIP(1990)模型徐变系数

(2)ACI 209R(1992)模型

ACI 209R(1992)模型考虑的参数主要包括环境相对湿度、构件形状和尺寸、加载龄期、持荷时间、混凝土中水泥含量、混凝土坍落度、混凝土中空气含量、细骨料与粗骨料比例、混凝土密度、混凝土养护条件,当时间为 1 年、3 年、10 年、20 年时,徐变系数分别为 1.11、1.25、1.34、1.37,其混凝土徐变系数随时间变化的关系如图 6.24 所示,计算得到因收缩徐变引起的主梁线形演化如图 6.25 所示。

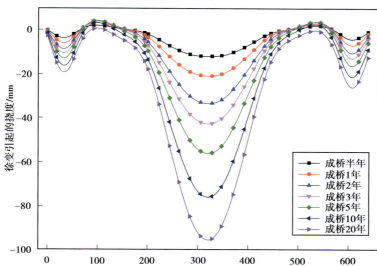

图 6.23　主梁线形演化［CEB-FIP（1990）模型］

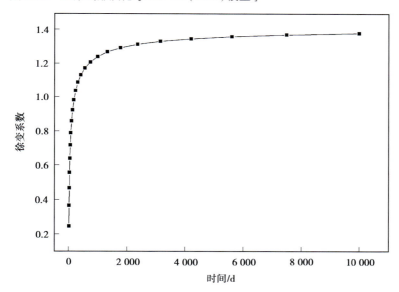

图 6.24　ACI 209R（1992）模型徐变系数

（3）EC2 模型

EC2 模型考虑的参数主要包括环境相对湿度、构件形状和尺寸、加载龄期、持荷时间、环境温度、水泥类型,当时间为 1 年、3 年、10 年、20 年时,徐变系数分别为 0.87、1.08、1.23、1.28,其混凝土徐变系数随时间变化的关系如图 6.26 所示,计算得到因收缩徐变引起的主梁线形演化如图 6.27 所示。

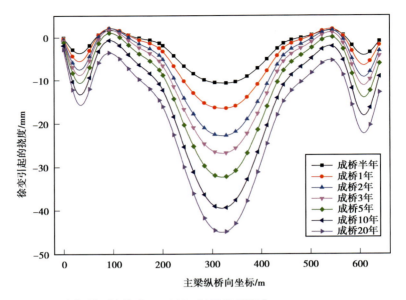

图 6.25　主梁线形演化 ［ACI 209R（1992）模型］

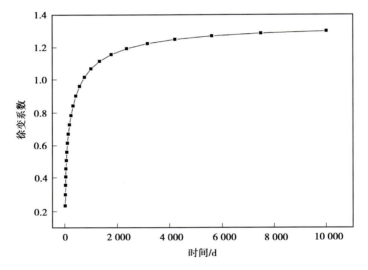

图 6.26　EC2 模型徐变系数

　　由此，将不同的收缩徐变模型应用于大跨度轨道混凝土斜拉桥，所得的主梁线形计算结果存在较大差异。其中，采用 CEB-FIP（1990）模型，成桥半年、3 年、20 年后主梁的最大挠度分别为 12，42，95 mm；采用 ACI 209R（1992）模型，成桥半年、3 年、20 年后主梁的最大挠度分别为 11，27，45 mm；采用 EC2 模型，成桥半年、3 年、20 年后主梁的最大挠度分别为 15，49，88 mm，如图 6.28 所示。

　　综上，对大跨度轨道混凝土斜拉桥采用不同的收缩徐变模型，经线形演化分析比较易知：

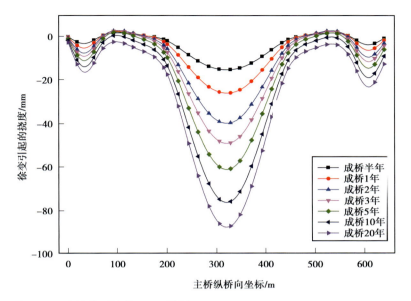

图 6.27　主梁线形演化(EC2 模型)

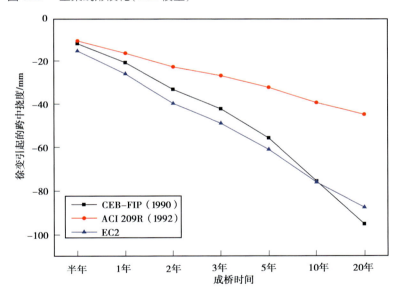

图 6.28　不同收缩徐变模型的跨中挠度比较

①线形演化随着桥梁服役时间的持续,呈现下挠增大态势,但增长速率会逐渐减缓,跨中挠度尤为明显。

②采用不同收缩徐变计算模型,线形演化计算结果差异性较大、离散性显著,如采用 CEB-FIP(1990)模型,成桥 20 年后主梁的最大挠度为 95 mm,而采用 ACI 209R(1992)模型,成桥 20 年后主梁的最大挠度为 45 mm,二者间的差异达 2.11 倍。

2）考虑参数随机性的线形演化分析

（1）变量选择及样本建立

对大跨度轨道混凝土斜拉桥进行线形演化分析,考虑的随机参数主要包括主梁容重 X_1、主梁弹性模量 X_2、上塔柱弹性模量 X_3、混凝土开始收缩龄期 X_4、主梁混凝土抗压强度 X_5、下塔柱混凝土抗压强度 X_6、辅助墩混凝土抗压强度 X_7、主梁标准节段理论厚度 X_8 和环境相对湿度 X_9。其中,随机参数均符合正态分布,且具有明确的均值和变异系数。

依据现场实测、试验分析、现行规范规程、文献参考等,随机参数均值和变异系数见表 6.9。

表 6.9　随机参数统计特性

随机参数	变量	分布类型	均值	变异系数
主梁容重/(kN·m⁻³)	X_1	正态分布	25.0	0.100
主梁弹性模量/×10⁴ MPa	X_2	正态分布	3.6	0.200
上塔柱弹性模量/×10⁴ MPa	X_3	正态分布	3.6	0.200
开始收缩龄期/d	X_4	正态分布	3.0	0.230
主梁混凝土抗压强度/MPa	X_5	正态分布	55.0	0.110
下塔柱混凝土抗压强度/MPa	X_6	正态分布	50.0	0.110
辅助墩混凝土抗压强度/MPa	X_7	正态分布	40.0	0.112
主梁标准节段理论厚度/m	X_8	正态分布	0.3	0.008
环境相对湿度/%	X_9	正态分布	72.0	0.167

以成桥半年、1 年、2 年、3 年、5 年、10 年、20 年主跨跨中竖向变形 $S_{1/2}$、S_1、S_2、S_3、S_5、S_{10}、S_{20} 为结构响应值,采用 $U_{25}(25^9)$ 进行均匀试验设计。每次试验均为 25 个样本点,结果见表 6.10。

表 6.10　试验样本点

序号	X_1	X_2	X_3	X_4	X_5	X_6	X_7	X_8	X_9
1	22.500	3.060	3.180	2.769	53.992	50.458	41.120	0.302	83.022
2	22.708	3.300	3.540	3.289	59.538	45.417	37.760	0.301	82.020
3	22.917	3.540	3.900	2.365	52.479	51.833	43.733	0.300	81.018
4	23.125	3.780	4.260	2.885	58.025	46.792	40.373	0.299	80.016

序号	X_1	X_2	X_3	X_4	X_5	X_6	X_7	X_8	X_9
5	23.333	4.020	3.120	3.404	50.967	53.208	37.013	0.298	79.014
⋮	⋮	⋮	⋮	⋮	⋮	⋮	⋮	⋮	⋮
24	27.292	4.080	3.960	3.173	55.504	49.083	38.507	0.298	59.976
25	27.500	4.320	4.320	3.693	61.050	55.500	44.480	0.302	84.024

进行有限元确定性分析,得到每组样本的结构响应值,见表 6.11。

表 6.11　结构响应值

序号	$S_{1/2}$	S_1	S_2	S_3	S_5	S_{10}	S_{20}
1	−10.631	−18.753	−31.020	−40.223	−53.081	−70.519	−86.888
2	−10.316	−18.316	−30.446	−39.569	−52.352	−69.805	−86.344
3	−11.448	−20.254	−33.536	−43.501	−57.426	−76.334	−94.056
4	−11.128	−19.775	−32.846	−42.671	−56.430	−75.210	−92.947
5	−12.391	−21.882	−36.137	−46.816	−61.712	−81.884	−100.677
⋮	⋮	⋮	⋮	⋮	⋮	⋮	⋮
24	−21.333	−36.144	−57.996	−74.203	−96.669	−126.685	−154.462
25	−12.513	−21.762	−35.610	−45.855	−59.826	−77.713	−93.597

说明:"−"表示方向竖直向下。

（2）拟合模型及精度检验

将表 6.10 中的试验样本点与表 6.11 中的结构响应值,进行偏最小二乘法拟合,可得到对应响应面模型:

$S_1 = -104.747 - 1.645X_1 + 1.290X_2 - 0.023X_3 + 1.043X_4 + 0.250X_5 - 0.020X_6 + 0.151X_7 + 196.769X_8 + 0.458X_9$

$S_2 = -178.680 - 2.516X_1 + 1.884X_2 - 0.025X_3 + 1.645X_4 + 0.385X_5 - 0.023X_6 + 0.236X_7 + 350.995X_8 + 0.706X_9$

$S_3 = -236.392 - 3.144X_1 + 2.329X_2 - 0.027X_3 + 2.110X_4 + 0.484X_5 - 0.021X_6 + 0.301X_7 + 472.637X_8 + 0.888X_9$

$S_5 = -322.931 - 3.990X_1 + 3.003X_2 - 0.031X_3 + 2.813X_4 + 0.624X_5 - 0.007X_6 + 0.399X_7 + 655.860X_8 + 1.140X_9$

$S_{10}=-460.477-5.041X_1+4.077X_2-0.040X_3+3.940X_4+0.820X_5+0.047X_6+0.555X_7+$
    $950.829X_8+1.482X_9$

$S_{20}=-603.979-5.952X_1+5.245X_2-0.047X_3+5.151X_4+0.999X_5+0.136X_6+0.720X_7+$
    $1258.203X_8+1.803X_9$

为了检验结构响应与各变量之间是否在统计学意义上存在响应面模型所示的关系,需要对上述 7 个响应面模型的精度进行检验,结果见表 6.12。

表 6.12　模型精度检验

模型	$S_{1/2}$	S_1	S_2	S_3	S_5	S_{10}	S_{20}
R^2	0.988	0.987	0.986	0.988	0.990	0.989	0.991

依据计算得到修正的决定系数可知,7 个响应面模型的总离差中至少有 98% 是由试验变量的变化所引起,即响应总离差中,最多仅有 2% 不能用模型加以解释,故模型拟合精度高,模型可靠。

（3）变形预测对比分析

采用 Monte Carlo 法进行抽样,样本数目为 10 000,考虑材料参数的变异性,进行收缩徐变效应随机分析,得到成桥半年、1 年、2 年、3 年、5 年、10 年和 20 年主梁跨中挠度的均值和标准差,见表 6.13。

表 6.13　主梁跨中挠度随机分析结果

单位:mm

工况	工况描述	设计预期值	统计特性值	
			均值	标准差
一	成桥半年	−15.892	−15.890	4.570
二	成桥 1 年	−27.348	−27.350	7.470
三	成桥 2 年	−44.381	−44.380	11.550
四	成桥 3 年	−57.076	−57.080	14.600
五	成桥 5 年	−74.748	−74.750	18.860
六	成桥 10 年	−98.556	−98.560	24.780
七	成桥 20 年	−120.748	−120.750	30.420

依据表 6.13,设计预期值同抽样统计均值相差很小,说明设计预期值能够较好地反映主跨跨中竖向变形的最大可能值;伴随时间推移,标准差逐渐增大,变形增量离散性逐渐增强。

同时,借助 Crystal Ball 软件,采用 Monte Carlo 法抽样得到的主跨跨中竖向变形 $S_{0.5}$、S_1、S_2、S_3、S_5、S_{10}、S_{20} 的概率分布状况如图 6.29—图 6.35 所示,并绘制出在 35%、55%、75%、95% 的置信水平下,各成桥年限的主跨跨中竖向变形估计区间,如图 6.36 所示。

经有限元软件 Midas/Civil 计算分析,得到成桥半年、1 年、2 年、3 年、5 年、10 年和 20 年主梁跨中竖向变形预测值,同响应面模型经参数随机取值条件下,抽样得到 95% 置信水平下的置信区间进行比较,如图 6.37 所示。

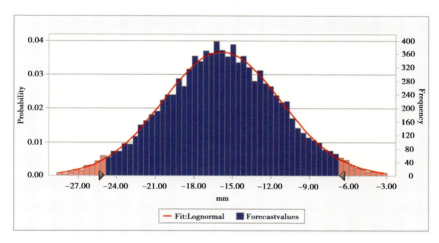

图 6.29 成桥半年跨中竖向变形概率分布图

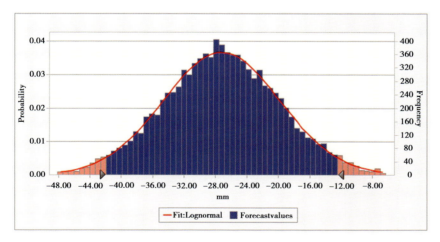

图 6.30 成桥 1 年跨中竖向变形概率分布图

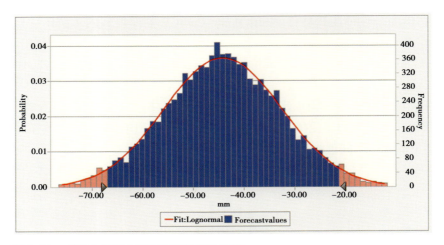

图 6.31　成桥 2 年跨中竖向变形概率分布图

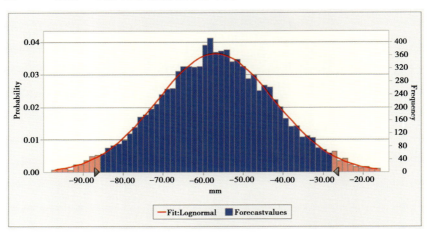

图 6.32　成桥 3 年跨中竖向变形概率分布图

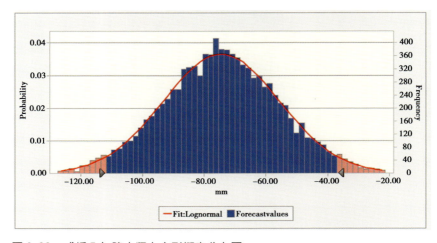

图 6.33　成桥 5 年跨中竖向变形概率分布图

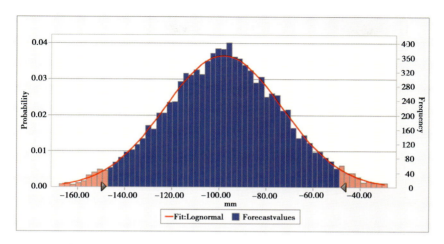

图 6.34　成桥 10 年跨中竖向变形概率分布图

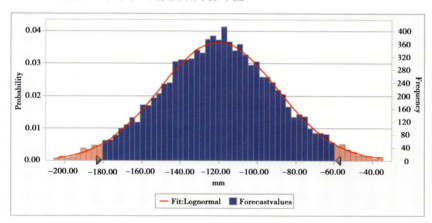

图 6.35　成桥 20 年跨中竖向变形概率分布图

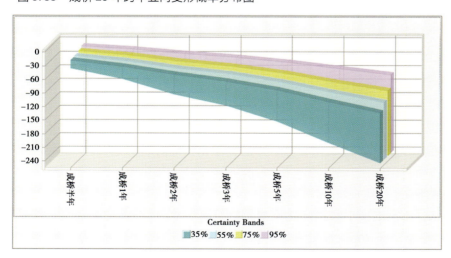

图 6.36　不同置信水平下的变形区间

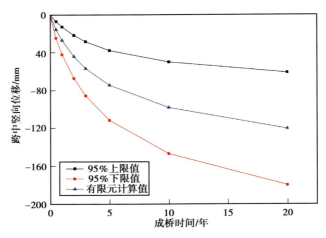

图 6.37　跨中竖向长期变形预测

由此,通过大跨度轨道混凝土斜拉桥考虑参数随机性的线形演化分析,结合跨中竖向长期变形预测结果,可以得出如下结论:

①有限元计算结果均在 95% 置信区间内,验证了参数概型分布及 MC-RSM 不确定性分析方法的正确性。

②采用有限元确定性分析得到的成桥半年到成桥 20 年的变形变化区间为(−120.748 mm,−15.892 mm),变化幅度为 104.856 mm;采用 MC-RSM 不确定性分析方法,考虑 95% 置信水平下限值变化区间为(−180.270 mm,−24.900 mm),变化幅度为 155.370 mm。

③有限元确定性分析方法和 MC-RSM 不确定性分析方法计算得到的变形差异较大,由成桥半年的 9.008 mm 增大到成桥 20 年的 59.522 mm,故参数随机性所引起的主跨跨中竖向变形的离散性较为显著。

综上,对大跨度轨道混凝土斜拉桥线形演化进行分析时,应考虑材料物性参数、环境因素引起的随机性。

通过大跨度轨道桥梁线形的影响因素分析,轨道斜拉桥线形要求极为严格,运营性能要求高,而线形演化会引起运营性能改变,故可通过运营性能状态分析指导线形的合理控制。此外,线形演化与所受荷载密切相关,可通过荷载因素机理、计算方法、对线形的影响性分析等方面进行深入研究,阐明线形演化分析理论。采用有限元确定性分析方法、MC-RSM 不确定性分析方法和理论推导分析方法,探索了大跨度轨道混凝土斜拉桥线形演化。

结果表明:

①选择不同混凝土收缩徐变模型,线形演化分析结果差异性较大,如采用 CEB-FIP(1990)模型,成桥 20 年后主梁的最大挠度为 95 mm,而采用 ACI 209R(1992)模型,成桥 20 年后主梁的最大挠度仅为 45 mm。

②参数随机性引起的线形演化分析结果离散性较为显著,相对于有限元确定性分析方法,采用 MC-RSM 不确定性分析方法进行线形预测,其结果更偏于安全,具有很好的工程应用价值,说明进行线形演化分析时,应考虑材料物性参数、环境因素引起的随机性。

6.5　数智运维云平台构建

1)搭建环境与功能概述

（1）云平台开发软件、硬件环境

根据对系统相关硬件设备处理能力、数据存储容量、数据备份容量等的分析,部署如下软、硬件设备。相关原则如下:

①成熟性:采用经实践证明为实用的、市场占有率比较高的硬件产品。

②可靠性高:根据实际应用需要,可考虑采用可靠性高的设备和必要的容错措施（如硬件容错、软件容错、系统容错）。

③实用性强:网络应满足峰值业务需求,保证在 3～5 年内的先进性,并具有很好的可维护性。

④扩充性好:系统可根据系统功能需要和规模增长进行扩充和升级。

⑤灵活性好:网络系统中的硬件或软件模块能根据实际情况进行各和组合的灵活的配置,以适应技术的发展和业务需求的变化。

⑥可管理性好:主要部件便于拆装、维护和升级;具有方便的远程管理和监控功能;具有较强的安全保护措施;在有可能出现故障时的发出隐患提示信号等。

搭建了云平台开发环境,软硬件环境具体参数见表 6.14。

表 6.14　软硬件环境参数

类别	名称	版本/参数	功能
软件	前端框架	Bootstrap 3.3.7 Jquery3.3.1	实现页面灵活布局,以及快速交互
	后台框架	Spring Boot 2.0	快速开发企业应用,并具有高安全性
	ORM 框架	Mybatis 3.5 Mybatis Plus 3.3.2	实现数据持久层管理,只需简单配置,即可快速进行 CRUD 操作,从而节省大量时间
	数据库	SQL Server 2017	专业的大型数据库,可管理超 TB 级监测数据,具有高并发、高可用特性

155

续表

类别	名称	版本/参数	功能
软件	项目管理工具	Maven 3.6.0	专业的项目管理工具,可以对 Java 项目进行构建、依赖管理。
	数据接口	基于 Restful 规范的开放接口	
	BIM 云平台	Rhino+Revit	三维构形、参数化设计、信息集成
	集成 BIM 模型	Autodesk Forge	通过 Forge 服务实现在 Web 端、移动端查看 BIM 模型
硬件	应用服务器	CPU:Intel Xeon E5 以上处理器; 内存:32 G 以上; 硬盘:2 T 以上; 网络带宽:20 M 以上; 操作系统:Windows 或 Linux	部署中间件 Tomcat; 部署业务应用程序
	数据库服务器	CPU:Intel Xeon E7 以上处理器; 内存:64 G 以上; 硬盘:10 T 以上; 网络带宽:20 M 以上; 操作系统:Windows 或 Linux	部署云平台的数据库管理系统 SQL Server 2017
	采集服务器	CPU:Intel Xeon E3 以上处理器; 内存:32 G 以上; 硬盘:2 T 以上; 网络带宽:20 M 以上; 操作系统:Windows	部署采集应用,负责实时采集现场的监测数据,并进行清洗、计算、存储
	接口服务器	CPU:Intel Xeon E3 以上处理器; 内存:32 G 以上;; 硬盘:2 T 以上; 网络带宽:20 M 以上; 操作系统:Windows 或 Linux	部署接口服务,负责云平台与外围系统的对接,包括微信、短信、邮件等

(2)功能概述

云平台由数据传输、信息处理、模型接口及运维应用组成,实现桥梁结构状态智能感、智能知、自预警,支撑运维管养的高效决策。建立桥梁构件三维精细化模型,基于 Autodesk Forge 软件云平台,利用 JAVA 程序开发集成显示 BIM 模型、加载监测测点、链接监测实时数据于一体的可视化云平台,实现监测信息的三维可视化管理与信息检索。同时,结合 GIS 地图与桥梁环境模拟三维空间场景,借助 720 全景漫游表达方式,拓展 BIM 的应用场景与价值空间,提升云平台用户体验。云平台登录界面与总览如图 6.38—图 6.39 所示。

(a) Web端　　　　　　　　　　　　　　　　**(b) App端**

图 6.38　云平台登录界面

图 6.39　数智运维云平台总览

2)核心功能界面展示

(1)BIM 信息与数智化云平台无缝衔接

在 GIS 空间下突破信息孤岛,形成多桥梁信息集群共享模式,并嵌入 720 云全景技术,实现桥梁三维全景展示,如图 6.40 所示。将 BIM 模型构件信息与检测动态信息相关联,实现了全方位可视化表达与实时更新,构建完备的三维档案库,实现数据构件级管理,以可视化、信息化助力管理决策,如图 6.41 所示。

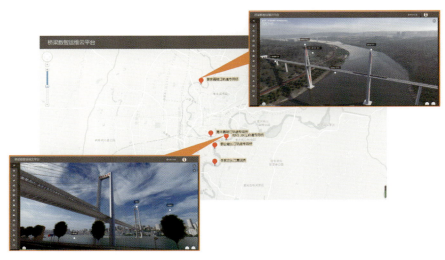

图 6.40　GIS 空间集群管理+720 全景

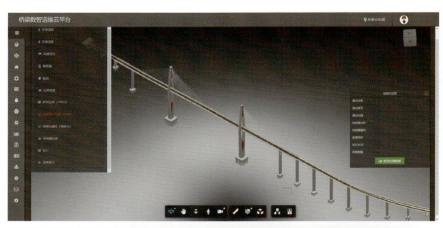

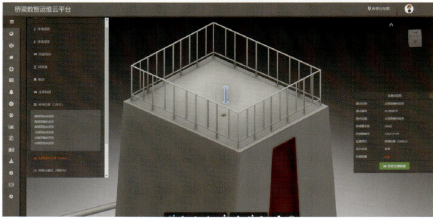

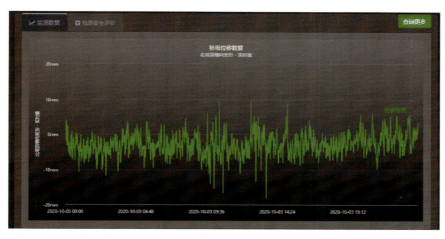

图 6.41　BIM 轻量化模型+实时数据动态关联

（2）人工检查与安全监测深度融合

实现全天候、不间断的桥梁响应信息自动化采集，实现同一云平台上多源异构数据共享、统计分析、信息挖掘，为全方位的结构状态评估、损伤识别、管养决策提供强有力支撑，如图 6.42 所示。

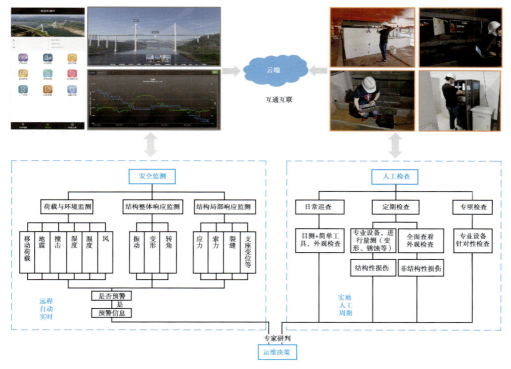

图 6.42　实时监测与人工检查信息共享

（3）基于多维度感知体系的轨道桥梁全方位评价与预警模式

采用人工检查与实时监测相结合的方法，实现桥梁状态多维度感知，构建基于技术状况评价、结构安全评价和运营性能评价的全方位评价与预警模式，实现桥梁结构评价自动化与预警智能化，如图6.43所示。

基于人工检查的轨道桥梁技术状况评价：依据层次分析法原理，利用分层综合评定与单项指标相结合的方法，合理分配指标权重，确定了技术状况评价公式及判定依据，形成针对轨道桥梁人工检查的技术状况评价体系。基于安全监测评价结构的安全评价与运营性能评价：利用数据包络分析原理，提取表征结构状态的效应变化特征指标，与对应结构物理参数限定极值所组成的包络区间进行比较，提出基于运营性能分析的运营阶段最大竖向变形安全控制值和预警控制值。

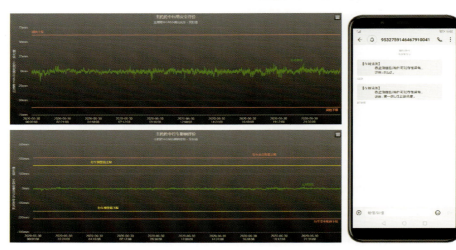

图6.43　全方位评价+实时预警

（4）提供基于手持终端App的高效移动办公手段

动态信息随身查询，预警信息即时推送。基于移动终端进行户外巡检，信息录入与检索标准化，克服传统养护时主观因素造成的不足，实现了定期检测全过程智能化评判（图6.44—图6.46），提升工作效率20%以上。

图 6.44　报告生成自动化

图 6.45　电子化档案

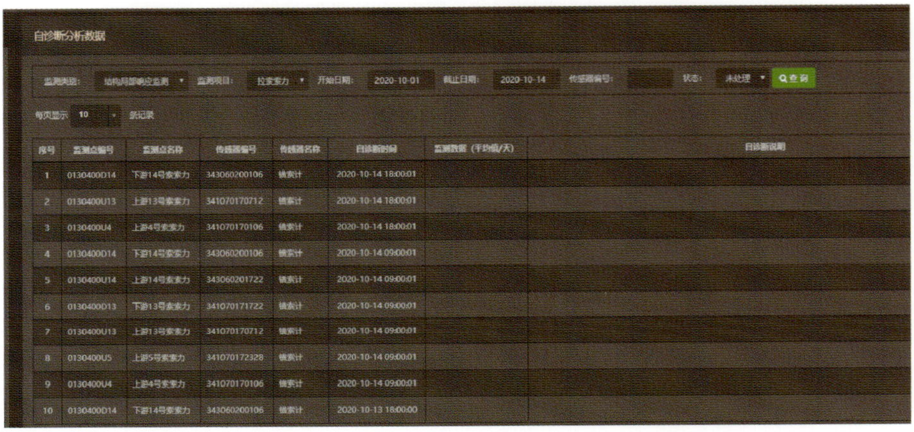

图 6.46　自诊断分析

6.6　本章小结

本章引入重庆轨道交通六号线二期蔡家嘉陵江轨道专用桥,将该工程实例作为1∶1 比例的实验研究对象,针对第 2 章至第 5 章研究成果,进行应用研究与实践验证。主要完成了以下内容:

①从人工检查与安全监测层面,明确了大桥状态表征的特征指标,基于检测、监测技术手段对桥梁进行全面“体检”,形成了蔡家嘉陵江轨道专用桥状态感知技术体系,具有较好的应用成效和推广价值,可为推进大跨度轨道桥梁数智运维建设奠定基础。

②综合考虑依托工程结构特征与材料特性,明晰了混凝土收缩徐变效应对大桥线形时变影响显著,进而采用有限元确定性分析方法、MC-RSM 不确定性分析方法,探索

了大跨度轨道混凝土斜拉桥线形演化。结果表明:选择不同混凝土收缩徐变模型,线形演化分析结果差异性较大,参数随机性引起的线形演化分析结果离散性较为显著,相对于有限元确定性分析方法,采用 MC-RSM 不确定性分析方法进行线形预测,其结果更偏于安全,具有很好的工程应用价值。

　　③以人工检查和安全监测构成的桥梁状态感知技术体系为决策分析基础,获取充分的信息支持和必要的决策依据,掌握结构实时安全状态,实现了轨道桥梁荷载响应智能感知与预警分析,以信息化、自动化助力运维响应时间优化与管理效率提升,为保障结构安全耐久提供强有力支撑。

　　④融合信息技术、BIM、传感传输等手段,搭建了数智运维云平台,以蔡家嘉陵江轨道专用桥为依托进行应用实践,打通了信息采集—传输—处理—分析—决策运维信息传递链条,革新了多源信息管理方式,探索了运维阶段 BIM 技术应用模式,建立了BIM 模型与运维信息动态关联机制,整合利用虚拟现实技术实现超实景、可视化、高清晰的在线交互式体验,实现统一云平台上人工检查和实时监测信息数据共享、统计分析,形成了大跨度轨道桥梁数智运维云平台示范中心。

附录 A 安全监测系统

注：以结构整体响应监测子系统中的桥塔位移为例，取代码片段。

```
package com. tylin. controller;

import com. alibaba. fastjson. JSON;
import com. alibaba. fastjson. JSONArray;
import com. alibaba. fastjson. JSONObject;
import com. tylin. entity. ChartData;
import com. tylin. entity. DatatablesView;
import com. tylin. entity. Tower;
import com. tylin. service. TowerService;
import org. apache. log4j. Logger;
import org. springframework. beans. factory. annotation. Autowired;
import org. springframework. stereotype. Controller;
import org. springframework. ui. Model;
import org. springframework. web. bind. annotation. PathVariable;
import org. springframework. web. bind. annotation. RequestMapping;
import org. springframework. web. bind. annotation. RequestMethod;
import org. springframework. web. bind. annotation. ResponseBody;

import java. sql. Timestamp;
import java. text. ParseException;
import java. text. SimpleDateFormat;
import java. util. Date;
import java. util. HashMap;
import java. util. List;
import java. util. Map;

@ Controller
public class TowerController {
```

```
private static Logger logger = Logger.getLogger(TowerController.class);
private final TowerService towerService;

@Autowired
public TowerController(TowerService towerService) {
    this.towerService = towerService;
}


@RequestMapping(value = "/towerList/{bridgeCode}/{monitorPointCode}")
public String towerList(@PathVariable("bridgeCode") String bridgeCode,
                        @PathVariable("monitorPointCode") String monitorPointCode,
                        Model model) {
    if (monitorPointCode.equals("M")) {
        model.addAttribute("bimBridgeCode","B");
        model.addAttribute("bimPointCode","M");
    } else {
        model.addAttribute("bimBridgeCode",bridgeCode);
        model.addAttribute("bimPointCode",monitorPointCode);
    }
    SimpleDateFormat sdf = new SimpleDateFormat("yyyy-MM-dd");
    model.addAttribute("startDate",sdf.format(new Date()));
    model.addAttribute("endDate",sdf.format(new Date()));
    return "monitor/tower_list";
}


@RequestMapping(value = "/midSpanList/{bridgeCode}/{monitorPointCode}")
public String midSpanList(@PathVariable("bridgeCode") String bridgeCode,
                          @PathVariable("monitorPointCode") String monitorPointCode,
                          Model model) {
    if (monitorPointCode.equals("M")) {
        model.addAttribute("bimBridgeCode","B");
        model.addAttribute("bimPointCode","M");
    } else {
        model.addAttribute("bimBridgeCode",bridgeCode);
        model.addAttribute("bimPointCode",monitorPointCode);
    }
    return "monitor/span_list";
}
```

```
@ RequestMapping( value = "/selectTowerChartByCon" , method = RequestMethod. POST)
@ ResponseBody
public List<ChartData> selectTowerChartByCon( String aoData) throws ParseException {
    List<ChartData> towerList = null;
    JSONArray jsonArray = JSON. parseArray( aoData) ;

    String bridgeCode = null;
    String monitorItemCode = null;
    String monitorPointCode = null;
    int dataRate = 1;
    Timestamp startDate = null;
    Timestamp endDate = null;
    String sdate1 = null,sdate2 = null;
    SimpleDateFormat sdf = new SimpleDateFormat( "yyyy-MM-dd") ;

    for ( int i = 0; i < jsonArray. size( ) ; i++) {
        JSONObject jsonObject = jsonArray. getJSONObject( i) ;

        if ( jsonObject. get( "name") . equals( "bridgeCode") )
            bridgeCode = jsonObject. getString( "value") ;
        if ( jsonObject. get( "name") . equals( "monitorItemCode") )
            monitorItemCode = jsonObject. getString( "value") ;
        if ( jsonObject. get( "name") . equals( "monitorPointCode") )
            monitorPointCode = jsonObject. getString( "value") ;
        if ( jsonObject. get( "name") . equals( "dataRate") )
            dataRate = jsonObject. getInteger( "value") ;
        if ( jsonObject. get( "name") . equals( "startDate") )
            startDate = jsonObject. getTimestamp( "value") ;
        if ( jsonObject. get( "name") . equals( "endDate") )
            endDate = jsonObject. getTimestamp( "value") ;
    }

    Map<String, Object> map = new HashMap<>( ) ;

    map. put( "bridgeCode",bridgeCode) ;
    map. put( "monitorItemCode",monitorItemCode) ;
    map. put( "monitorPointCode",monitorPointCode) ;
    map. put( "startDate",startDate) ;
    map. put( "endDate",endDate) ;
```

```
        try {
            if ( dataRate = = 1 ) {
                towerList = towerService. selectTowerChartByCon1( map) ;
            } else if ( dataRate = = 2 ) {
                towerList = towerService. selectTowerChartByCon2( map) ;
            } else if ( dataRate = = 3 ) {
                towerList = towerService. selectTowerChartByCon3( map) ;
            } else if ( dataRate = = 4 ) {
                towerList = towerService. selectTowerChartByCon4( map) ;
            } else if ( dataRate = = 7 ) {
                towerList = towerService. selectTowerChartByCon7( map) ;
            } else if ( dataRate = = 8 ) {
                towerList = towerService. selectTowerChartByCon8( map) ;
            } else if ( dataRate = = 9 ) {
                towerList = towerService. selectTowerChartByCon9( map) ;
            } else if ( dataRate = = 10) {
                // 刚度统计评价
                towerList = towerService. selectTowerChartByConForStiffness( map) ;
            }
        } catch ( Exception e) {
            e. printStackTrace( ) ;
            logger. debug( e. getMessage( ) ) ;
        }
        return towerList;
    }


@ RequestMapping( value = "/listTowerByCon" , method = RequestMethod. POST)
@ ResponseBody
public String listTowerByCon( String aoData) throws ParseException {
    DatatablesView<Tower> datatablesView = null;
    JSONArray jsonArray = JSON. parseArray( aoData) ;
    if( jsonArray = = null| | jsonArray. size( ) = =0) {
        return "ERROR" ;
    }

    String sEcho = null;
    int iDisplayStart = 0;
    int iDisplayLength = 10;
```

```
        String bridgeCode = null;
        String monitorItemCode = null;
        String monitorPointCode = null;
        Timestamp startDate = null;
        Timestamp endDate = null;
        String sdate1 = null,sdate2 = null;
        SimpleDateFormat sdf = new SimpleDateFormat("yyyy-MM-dd");

        for (int i = 0; i < jsonArray.size(); i++) {
            JSONObject jsonObject = jsonArray.getJSONObject(i);

            if (jsonObject.get("name").equals("sEcho"))
                sEcho = jsonObject.getString("value");
            if (jsonObject.get("name").equals("iDisplayStart"))
                iDisplayStart = jsonObject.getInteger("value");
            if (jsonObject.get("name").equals("iDisplayLength"))
                iDisplayLength = jsonObject.getInteger("value");
            if (jsonObject.get("name").equals("bridgeCode"))
                bridgeCode = jsonObject.getString("value");
            if (jsonObject.get("name").equals("monitorItemCode"))
                monitorItemCode = jsonObject.getString("value");
            if (jsonObject.get("name").equals("monitorPointCode"))
                monitorPointCode = jsonObject.getString("value");
            if (jsonObject.get("name").equals("startDate"))
                startDate = jsonObject.getTimestamp("value");
            if (jsonObject.get("name").equals("endDate"))
                endDate = jsonObject.getTimestamp("value");
        }


        try {
            datatablesView = towerService.selectTowerByCon(sEcho,iDisplayStart,iDisplayLength,
bridgeCode,monitorItemCode,monitorPointCode,startDate,endDate);
        } catch (Exception e) {
            e.printStackTrace();
            logger.debug(e.getMessage());
        }
        return JSONObject.toJSONString(datatablesView);
    }
}
```

附录 B 人工检查系统

注：以定期检查为例，取代码片段。

```java
package com.tylin.controller;

import com.alibaba.fastjson.JSON;
import com.alibaba.fastjson.JSONArray;
import com.alibaba.fastjson.JSONObject;
import com.opslab.bean.ResultVo;
import com.opslab.util.DateConvert;
import com.tylin.entity.*;
import com.tylin.service.RegularCheckService;
import org.apache.log4j.Logger;
import org.springframework.beans.factory.annotation.Autowired;
import org.springframework.stereotype.Controller;
import org.springframework.ui.Model;
import org.springframework.web.bind.annotation.*;
import org.springframework.web.multipart.MultipartFile;

import javax.servlet.http.HttpServletRequest;
import java.io.File;
import java.io.IOException;
import java.sql.Timestamp;
import java.text.ParseException;
import java.text.SimpleDateFormat;
import java.util.List;

@Controller
public class RegularCheckController {
    private static Logger logger = Logger.getLogger(RegularCheckController.class);
    private final RegularCheckService regularCheckService;
```

```
@ Autowired
public RegularCheckController( RegularCheckService regularCheckService) {
    this. regularCheckService = regularCheckService;
}


@ RequestMapping( value = "/regularCheckList")
public String regularCheckList( ) {
    return "check/regularcheck_list";
}


@ RequestMapping( value = "/newRegularCheck")
public String newRegularCheck( ) {
    return "check/regularcheck_new";
}


@ RequestMapping( value = "/getLastRegularCheck", method = RequestMethod. POST)
@ ResponseBody
public String getLastRegularCheck( String bridgeCode) {
    RegularCheckMain regularCheckMain;
    String jsonStr;
    regularCheckMain = regularCheckService. getLastRegularCheck( bridgeCode);
    if ( regularCheckMain == null) {
        return "{}";
    } else {
        jsonStr = JSONObject. toJSONString( regularCheckMain);
    }
    return jsonStr;
}


@ RequestMapping( value = "/newRegularCheckAction", method = RequestMethod. POST)
@ ResponseBody
public Object newRegularCheckAction( String main, String sub) {
    int returnValue = 0;
    ResultVo<Integer> resultVo = new ResultVo<>( );
    List<RegularCheckMain> regularCheckMainList;
    List<RegularCheckSub> regularCheckSubList;
    regularCheckMainList = JSON. parseArray( main, RegularCheckMain. class);
    regularCheckSubList = JSON. parseArray( sub, RegularCheckSub. class);
```

```
        if ( regularCheckMainList. size( ) > 0) {
            RegularCheckMain regularCheckMain = regularCheckMainList. get( 0) ;
            returnValue = regularCheckService. insertRegularCheck ( regularCheckMain, regularCheck-
SubList) ;
        }

        if ( returnValue > 0  ) {
            resultVo. setCode( 200) ;
            resultVo. setMsg( "定期检查内容保存成功!") ;
            resultVo. setData( returnValue) ;
        } else {
            resultVo. setCode( 201) ;
            resultVo. setMsg( "定期检查内容保存失败! 请检查输入内容。") ;
            resultVo. setData( returnValue) ;
        }
        return JSONObject. toJSONString( resultVo) ;
    }


    @ RequestMapping( value = "/editRegularCheck/ { checkMainID} ")
    public String editRegularCheck ( @ PathVariable ( " checkMainID") Long checkMainID, Model
model) {
        List<RegularCheckSub> regularCheckSubList;
        RegularCheckMain regularCheckMain = regularCheckService. selectRegularCheckByPK ( check-
MainID) ;
        if ( regularCheckMain ! = null) {
            regularCheckSubList = regularCheckMain. getRegularCheckSubList( ) ;
            model. addAttribute( "regularCheckMain", regularCheckMain) ;
            model. addAttribute( "regularCheckSubList", regularCheckSubList) ;
            return   "check/regularcheck_edit" ;
        } else {
            return "redirect:/error500" ;
        }
    }


    @ RequestMapping( value = "/updateRegularCheckAction")
    @ ResponseBody
    public Object updateRegularCheckAction( String main, String sub) {
        int returnValue = 0;
```

```
        ResultVo<Integer> resultVo = new ResultVo<>();
        List<RegularCheckMain> regularCheckMainList;
        List<RegularCheckSub> regularCheckSubList;
        regularCheckMainList = JSON. parseArray(main, RegularCheckMain. class);
        regularCheckSubList = JSON. parseArray(sub, RegularCheckSub. class);
        RegularCheckMain regularCheckMain = regularCheckMainList. get(0);
        returnValue = regularCheckService. updateRegularCheck(regularCheckMain, regularCheckSub-
List);
        if (returnValue > 0){
            resultVo. setCode(200);
            resultVo. setMsg("定期检查内容更新成功!");
            resultVo. setData(returnValue);
        } else {
            resultVo. setCode(201);
            resultVo. setMsg("定期检查内容更新失败! 请检查输入内容。");
            resultVo. setData(returnValue);
        }
        return JSONObject. toJSONString(resultVo);
    }


    @ RequestMapping(value = "/deleteRegularCheck")
    @ ResponseBody
    public Object deleteRegularCheck(Long checkMainID){
        int returnValue;
        ResultVo<Integer> resultVo = new ResultVo<>();
        returnValue = regularCheckService. deleteRegularCheck(checkMainID);
        if (returnValue > 0){
            resultVo. setCode(200);
            resultVo. setMsg("定期检查记录删除成功!");
            resultVo. setData(returnValue);
        } else {
            resultVo. setCode(201);
            resultVo. setMsg("定期检查记录删除失败,请检查后再删除!");
            resultVo. setData(returnValue);
        }
        return JSONObject. toJSONString(resultVo);
    }
```

```
@ RequestMapping ( value = "/uploadRegularCheckPhoto", method = RequestMethod. POST,
produces = "application/json; charset=utf-8")
@ ResponseBody
public Object uploadRegularCheckPhoto(@ RequestParam("inputPhoto") MultipartFile file, Ht-
tpServletRequest request) throws IOException {
    ResponseObj responseObj = new ResponseObj();
    String fileName = file. getOriginalFilename();

    String suffixName;
    if (fileName ! = null) {
        suffixName = fileName. substring(fileName. lastIndexOf("."));
    } else {
        suffixName = "jpg";
    }

    String bootPath, filePath;
    bootPath = request. getSession(). getServletContext(). getRealPath("/");
    filePath = bootPath + "upload/regularcheck/";
    String sTime = DateConvert. getStringAllDate();
    String newFileName = sTime + suffixName;

    File filePhoto = new File(filePath, newFileName);
    if (! filePhoto. exists()) {
        try {
            if(filePhoto. createNewFile()) {
                logger. info("创建定期检查病害图片文件成功!");
            } else {
                logger. info("创建定期检查病害图片文件失败!");
            }
        } catch (IOException e) {
            e. printStackTrace();
            logger. debug(e. getMessage());
        }
    }
    if (file. isEmpty()) {
        responseObj. setCode(201);
        responseObj. setFileName(newFileName);
        responseObj. setMsg("定期检查病害图片文件不能为空!");
```

```
        } else {
            try {
                file. transferTo(filePhoto);

                responseObj. setCode(200);
                responseObj. setFileName(newFileName);
                responseObj. setMsg("定期检查病害图片文件上传成功!");

            } catch (IOException e) {
                responseObj. setCode(202);
                responseObj. setFileName(newFileName);
                responseObj. setMsg("定期检查病害图片文件上传失败!");
                logger. debug(e. getMessage());
            }
        }
        return JSONObject. toJSONString(responseObj);
    }


    @RequestMapping(value = "/listCheckRegularByCon", method = RequestMethod. POST)
    @ResponseBody
    public String listCheckRegularByCon(String aoData) throws ParseException {
        DatatablesView<RegularCheckMain> datatablesView = null;
        JSONArray jsonArray = JSON. parseArray(aoData);
        if(jsonArray == null||jsonArray. size() ==0) {
            return "ERROR";
        }

        String sEcho = null;
        int iDisplayStart   = 0;
        int iDisplayLength   = 10;
        String bridgeCode = null;
        String checker = null;
        Timestamp startDate = null;
        Timestamp endDate = null;

        for (int i = 0; i < jsonArray. size(); i++) {
            JSONObject jsonObject = jsonArray. getJSONObject(i);
```

```
            if ( jsonObject. get( "name" ). equals( "sEcho" ) )
                sEcho = jsonObject. getString( "value" ) ;
            if ( jsonObject. get( "name" ). equals( "iDisplayStart" ) )
                iDisplayStart = jsonObject. getInteger( "value" ) ;
            if ( jsonObject. get( "name" ). equals( "iDisplayLength" ) )
                iDisplayLength = jsonObject. getInteger( "value" ) ;
            if ( jsonObject. get( "name" ). equals( "bridgeCode" ) )
                bridgeCode = jsonObject. getString( "value" ) ;
            if ( jsonObject. get( "name" ). equals( "checker" ) )
                checker = jsonObject. getString( "value" ) ;
            if ( jsonObject. get( "name" ). equals( "startDate" ) )
                startDate = jsonObject. getTimestamp( "value" ) ;
            if ( jsonObject. get( "name" ). equals( "endDate" ) )
                endDate = jsonObject. getTimestamp( "value" ) ;
        }


        try{
            datatablesView = regularCheckService. listRegularCheckMainByCon ( sEcho, iDisplayStart,
iDisplayLength, bridgeCode, checker, startDate, endDate) ;
        } catch ( Exception e ) {
            e. printStackTrace( ) ;
            logger. debug( e. getMessage( ) ) ;
        }
        return JSONObject. toJSONString( datatablesView) ;
    }
}
```

附录 C　技术状况评价系统

注:以下仅为代码片段。

```java
package com.tylin.controller;

import com.alibaba.fastjson.JSON;
import com.alibaba.fastjson.JSONArray;
import com.alibaba.fastjson.JSONObject;
import com.opslab.bean.ResultVo;
import com.sun.prism.shader.Solid_TextureYV12_AlphaTest_Loader;
import com.tylin.entity.*;
import com.tylin.service.*;
import org.apache.log4j.Logger;
import org.springframework.beans.factory.annotation.Autowired;
import org.springframework.stereotype.Controller;
import org.springframework.ui.Model;
import org.springframework.web.bind.annotation.PathVariable;
import org.springframework.web.bind.annotation.RequestMapping;
import org.springframework.web.bind.annotation.ResponseBody;

import java.math.BigDecimal;
import java.sql.Timestamp;
import java.util.*;

@Controller
public class TcPartScaleController {
    private static Logger logger = Logger.getLogger(TcPartScaleController.class);

    private final TcPartScaleService tcPartScaleService;
    private final BridgeService bridgeService;
    private final TcEvaluateService tcEvaluateService;
```

```
    private final TcEvaluateDetailService tcEvaluateDetailService;
    private final TcEvaluateIndexService tcEvaluateIndexService;
    private final TcPenalService tcPenalService;
    private final TcPartFactorService tcPartFactorService;
    private final TcSortService tcSortService;
    private final TcStrWeightService tcStrWeightService;
    private final TcPartWeightService tcPartWeightService;

    @Autowired
    public TcPartScaleController(TcPartScaleService tcPartScaleService, TcSortService tcSortService,
BridgeService bridgeService, TcEvaluateService tcEvaluateService, TcEvaluateDetailService tcEvaluate-
DetailService, TcEvaluateIndexService tcEvaluateIndexService, TcPenalService tcPenalService, TcPart-
FactorService tcPartFactorService, TcStrWeightService tcStrWeightService, TcPartWeighService tcPart-
WeightService) {
        this.tcPartScaleService = tcPartScaleService;
        this.tcSortService = tcSortService;
        this.bridgeService = bridgeService;
        this.tcEvaluateService = tcEvaluateService;
        this.tcEvaluateDetailService = tcEvaluateDetailService;
        this.tcEvaluateIndexService = tcEvaluateIndexService;
        this.tcPenalService = tcPenalService;
        this.tcPartFactorService = tcPartFactorService;
        this.tcStrWeightService = tcStrWeightService;
        this.tcPartWeightService = tcPartWeightService;
    }

    @RequestMapping(value = "/inputTcPartScale/{bridgeCode}/{evaluateID}/{evaluateBy}")
    public String inputTcPartScale(@PathVariable("bridgeCode") String bridgeCode,
                                    @PathVariable("evaluateID") Long evaluateID,
                                    @PathVariable("evaluateBy") Long evaluateBy,
                                        Model model) {
        int returnValue;
        Map<String, Object> map1 = new HashMap<>();
        Map<String, Object> map2 = new HashMap<>();
        Map<String, Object> map3 = new HashMap<>();
        Map<String, Object> map4 = new HashMap<>();
        Bridge bridge;
```

```
            List<TcPartScale> upTcPartScaleList = null;
            List<TcPartScale> downTcPartScaleList = null;
            List<TcPartScale> bridgeTcPartScaleList = null;
            BigDecimal strSum,upPartSum,downPartSum,bridgePartSum;
            int strDegree,upDegree,downDegree,bridgeDegree;
            String strResult,upResult,downResult,bridgeResult;

            bridge = bridgeService.selectBridgeByCode(bridgeCode);
            model.addAttribute("bridge",bridge);

            TcEvaluate tcEvaluateInfo = tcEvaluateService.selectLastTcEvaluate(bridgeCode);
            if(tcEvaluateInfo != null){
                model.addAttribute("tcEvaluateInfo",tcEvaluateInfo);
            }

            if(evaluateID == 0){
                TcEvaluate tcEvaluate = new TcEvaluate();
                tcEvaluate.setBridgeCode(bridgeCode);
                tcEvaluate.setEvaluateDate(null);
                tcEvaluate.setEvaluateScore(null);
                tcEvaluate.setSortType(0);
                tcEvaluate.setEvaluateResult(null);
                tcEvaluate.setEvaluateBy(evaluateBy);
                tcEvaluate.setInputDate(new Timestamp(new Date().getTime()));
                tcEvaluate.setStatus(1);
                tcEvaluateService.insertTcEvaluate(tcEvaluate);
                evaluateID = tcEvaluate.getEvaluateID();
            }

            model.addAttribute("evaluateID",evaluateID);
            return "tc/tcPartScale_input";
        }


    @RequestMapping(value = "/insertTcPartScale")
    @ResponseBody
    public Object insertTcPartScale(String scaleData){
        int returnValue = 0,i;
```

```
        long evaluateID = 0;
        long partScaleID = 0;
        ResultVo<Integer> resultVo = new ResultVo<>();
        List<TcPartScale> tcPartScaleList;
        tcPartScaleList = JSON. parseArray(scaleData, TcPartScale. class);
        for (TcPartScale tcPartScale : tcPartScaleList) {
            evaluateID = tcPartScale. getEvaluateID();
            partScaleID = tcPartScale. getPartScaleID();
            if (partScaleID == 0) {
                i = tcPartScaleService. insertTcPartScale(tcPartScale);
            } else {
                i = tcPartScaleService. updateTcPartScale(tcPartScale);
            }
            returnValue += i;
        }
        if (returnValue > 0) {
            TcEvaluate tcEvaluate;
            tcEvaluate = tcEvaluateService. selectTcEvaluateByPK(evaluateID);
            if (tcEvaluate ! = null) {
                tcEvaluate. setInputDate(new Timestamp(new Date(). getTime()));
                tcEvaluateService. updateTcEvaluate(tcEvaluate);
            }
            resultVo. setCode(200);
            resultVo. setMsg("构件检测标度保存成功!");
            resultVo. setData(returnValue);
        } else {
            resultVo. setCode(201);
            resultVo. setMsg("构件检测标度保存失败!");
            resultVo. setData(returnValue);
        }
        return JSONObject. toJSONString(resultVo);
}

@ RequestMapping(value = "/getTcPartScaleCount")
@ ResponseBody
public Object getTcPartScaleCount(Long evaluateID) {
    int returnValue;
    ResultVo<Integer> resultVo = new ResultVo<>();
```

```
        returnValue = tcPartScaleService. selectTcPartScaleByFK(evaluateID);
        if (returnValue > 0 ){
            resultVo. setCode(200);
            resultVo. setMsg("存在评价检测标度数据!");
            resultVo. setData(returnValue);
        }else {
            resultVo. setCode(201);
            resultVo. setMsg("不存在评价检测标度数据!");
            resultVo. setData(returnValue);
        }
        return JSONObject. toJSONString(resultVo);
}


@ RequestMapping(value = "/deleteTcPartScale2")
@ ResponseBody
public Object deleteTcPartScale2(Long evaluateID,String bridgeCode,int strType,String partCode){
    ResultVo<Integer> resultVo = new ResultVo<>();
    int returnValue = 0;
    Map<String, Object> map = new HashMap<>();
    List<TcPartScale> tcPartScaleList;

    map. put("evaluateID",evaluateID);
    map. put("bridgeCode",bridgeCode);
    map. put("strType",strType);
    map. put("partCode",partCode);

    tcPartScaleList = tcPartScaleService. selectTcPartScaleByCon4(map);
    for (TcPartScale tcPartScale : tcPartScaleList) {
        returnValue = tcPartScaleService. deleteTcPartScale(tcPartScale. getPartScaleID());
    }
    if (returnValue >= 0 ){
        resultVo. setCode(200);
        resultVo. setMsg("成功删除评价检测标度数据!");
        resultVo. setData(returnValue);
    }else {
        resultVo. setCode(201);
        resultVo. setMsg("删除评价检测标度数据失败!");
        resultVo. setData(null);
```

```java
        }
        return JSONObject. toJSONString( resultVo) ;
    }


@ RequestMapping( value = "/getTcPartScale3" )
@ ResponseBody
public Object getTcPartScale3( Long evaluateID,String bridgeCode,int strType,String partCode,int part-
No) {
    int returnValue;
    Map<String, Object> map3 = new HashMap<>( ) ;
    ResultVo<List<TcPartScale>> resultVo = new ResultVo<>( ) ;
    List<TcPartScale> tcPartScaleList3 ;

    map3. put( "evaluateID" ,evaluateID) ;
    map3. put( "bridgeCode" ,bridgeCode) ;
    map3. put( "strType" ,strType) ;
    map3. put( "partCode" ,partCode) ;
    map3. put( "partNo" ,partNo) ;

    tcPartScaleList3 = tcPartScaleService. selectTcPartScaleByCon3( map3) ;
    returnValue = tcPartScaleList3. size( ) ;
    if ( returnValue > 0  ) {
        resultVo. setCode( 200) ;
        resultVo. setMsg( "存在评价检测标度数据!" ) ;
        resultVo. setData( tcPartScaleList3) ;
    } else {
        resultVo. setCode( 201) ;
        resultVo. setMsg( "不存在评价检测标度数据!" ) ;
        resultVo. setData( null) ;
    }
    return JSONObject. toJSONString( resultVo) ;
}


@ RequestMapping( value = "/TcEvaluate" )
@ ResponseBody
public Object TcEvaluate ( Long  evaluateID,  String  bridgeCode,  String  strTypeData,  String
bridgeType) {
    int returnValue = 0;
```

```
        int strType;
        ResultVo<Integer> resultVo = new ResultVo<>();
        Map<String, Object> map1 = new HashMap<>();
        Map<String, Object> map2 = new HashMap<>();
        Map<String, Object> map3 = new HashMap<>();
        Map<String, Object> mapIndex = new HashMap<>();
        List<TcPartScale> tcPartScaleList1;
        List<TcPartScale> tcPartScaleList2;
        List<TcPartScale> tcPartScaleList3;
        TcEvaluateIndexView tcEvaluateIndexView = null;
        TcPenal tcPenal = null;

        List<TcEvaluateDetail> tcEvaluateDetailList = tcEvaluateDetailService. selectTcEvaluateDetailByFK
(evaluateID);
        for (TcEvaluateDetail tcEvaluateDetail : tcEvaluateDetailList) {
            tcEvaluateDetailService. deleteTcEvaluateDetail(tcEvaluateDetail. getDetailID());
        }

        BigDecimal allStrSum = new BigDecimal("0.00");

        JSONArray strTypeArray = JSONArray. parseArray(strTypeData);
        for (int y = 0; y<strTypeArray. size(); y++) {
            strType = strTypeArray. getInteger(y);

            map1. put("evaluateID", evaluateID);
            map1. put("bridgeCode", bridgeCode);
            map1. put("strType", strType);
            tcPartScaleList1 = tcPartScaleService. selectTcPartScaleByCon1(map1);
            int i = tcPartScaleList1. size();
            BigDecimal[] partSum = new BigDecimal[i];
            BigDecimal allPartSum = new BigDecimal("0.00");
            int partIndex = 0;
            for (TcPartScale tcPartScale1 : tcPartScaleList1) {
                String partCode = tcPartScale1. getPartCode();
                map2. put("evaluateID", evaluateID);
                map2. put("bridgeCode", bridgeCode);
                map2. put("strType", strType);
                map2. put("partCode", partCode);
```

```
            tcPartScaleList2 = tcPartScaleService. selectTcPartScaleByCon2(map2);
            int j = tcPartScaleList2. size();
            BigDecimal[ ] partNoSum = new BigDecimal[j];
            int partNoIndex = 0;
            for (TcPartScale tcPartScale2 : tcPartScaleList2) {
                int partNo = tcPartScale2. getPartNo();
                map3. put("evaluateID",evaluateID);
                map3. put("bridgeCode",bridgeCode);
                map3. put("strType",strType);
                map3. put("partCode",partCode);
                map3. put("partNo",partNo);

                tcPartScaleList3 = tcPartScaleService. selectTcPartScaleByCon3(map3);
                int k = tcPartScaleList3. size();
                BigDecimal[ ] penalScore = new BigDecimal[k];

                int partScaleIndex = 0;
                for (TcPartScale tcPartScale3 : tcPartScaleList3) {
                    String indexCode = tcPartScale3. getIndexCode();
                    int scaleCode = tcPartScale3. getScaleCode();

                    mapIndex. put("bridgeType",bridgeType);
                    mapIndex. put("partCode",partCode);
                    mapIndex. put("indexCode",indexCode);
                    tcEvaluateIndexView = tcEvaluateIndexService. selectTcEvaluateIndexByIndex
(mapIndex);

                    int indexHighScale = tcEvaluateIndexView. getHighScale();

                    tcPenal = tcPenalService. selectTcPenalByScale(indexHighScale);
                    switch (scaleCode){
                        case 1:
                            penalScore[partScaleIndex] = tcPenal. getScaleOne();
                            break;
                        case 2:
                            penalScore[partScaleIndex] = tcPenal. getScaleTwo();
                            break;
                        case 3:
                            penalScore[partScaleIndex] = tcPenal. getScaleThree();
```

```
                                    break;
                        case 4:
                                penalScore[partScaleIndex] = tcPenal.getScaleFour();
                                break;
                        case 5:
                                penalScore[partScaleIndex] = tcPenal.getScaleFive();
                                break;
                        default:
                                penalScore[partScaleIndex] = new BigDecimal(0.00);
                    }
                    partScaleIndex ++;
                }


            Arrays.sort(penalScore,Collections.reverseOrder());
            BigDecimal[] partU = new BigDecimal[k];
            BigDecimal beforeSumU = new BigDecimal("0.00");
            BigDecimal allSumU = new BigDecimal("0.00");
            for (int z=0;z<penalScore.length;z++){
                if (z == 0){
                    partU[z] = penalScore[z];
                }else{
                    BigDecimal bd100 = new BigDecimal("100.00");
                    partU[z] = penalScore[z].multiply(bd100.subtract(beforeSumU)).
divide(bd100.multiply(BigDecimal.valueOf(Math.sqrt(z+1))),2,BigDecimal.ROUND_HALF_
UP);
                }
                beforeSumU = beforeSumU.add(partU[z]);
                allSumU = allSumU.add(beforeSumU);
            }


            partNoSum[partNoIndex] = new BigDecimal("100.00").subtract(beforeSumU);
            partNoIndex ++;
        }


        Arrays.sort(partNoSum,Collections.reverseOrder());
        int partNoLength = partNoSum.length;
        BigDecimal allPartNoSum = new BigDecimal("0.00");
        for (int z=0;z<partNoLength;z++){
```

```
            allPartNoSum = allPartNoSum. add( partNoSum[ z ] ) ;
         }
         BigDecimal partNoMin = partNoSum[ partNoLength - 1 ] ;
         BigDecimal partUAverage = allPartNoSum. divide( BigDecimal. valueOf( partNoLength ) ,
2 ,BigDecimal. ROUND_HALF_UP ) ;

         TcPartFactor tcPartFactor = tcPartFactorService. selectTcPartFactorByNum( partNoLength ) ;
         BigDecimal partT = tcPartFactor. getFactor( ) ;
         BigDecimal bd100 = new BigDecimal( "100. 00" ) ;
         partSum[ partIndex ] = partUAverage. subtract( ( bd100. subtract( partNoMin ) ). divide
( partT ,2 ,BigDecimal. ROUND_HALF_UP ) ) ;

         TcStrWeight tcStrWeight = tcStrWeightService. selectTcStrWeightByType( strType ) ;

         Map<String, Object> mapPartWeight = new HashMap<>( ) ;
         mapPartWeight. put( "bridgeType" ,bridgeType ) ;
         mapPartWeight. put( "strType" ,strType ) ;
         mapPartWeight. put( "partCode" ,partCode ) ;
         TcPartWeight tcPartWeight = tcPartWeightService. selectPartByCode( mapPartWeight ) ;

         TcEvaluateDetail tcEvaluateDetail = new TcEvaluateDetail( ) ;
         tcEvaluateDetail. setEvaluateID( evaluateID ) ;
         tcEvaluateDetail. setBridgeCode( bridgeCode ) ;
         tcEvaluateDetail. setStrType( strType ) ;
         tcEvaluateDetail. setStrName( tcStrWeight. getStrName( ) ) ;
         tcEvaluateDetail. setStrWeight( tcStrWeight. getWeight( ) ) ;
         tcEvaluateDetail. setPartCode( partCode ) ;
         tcEvaluateDetail. setPartName( tcPartWeight. getPartName( ) ) ;
         tcEvaluateDetail. setPartWeight( tcPartWeight. getWeight( ) ) ;
         tcEvaluateDetail. setEvaluateScore( partSum[ partIndex ] ) ;

         tcEvaluateDetailService. insertTcEvaluateDetail( tcEvaluateDetail ) ;

         allPartSum = allPartSum. add( partSum[ partIndex ]. multiply( tcPartWeight. getWeight( ) ) ) ;

         partIndex ++ ;
```

```
        }

            TcStrWeight tcStrWeight = tcStrWeightService. selectTcStrWeightByType( strType ) ;

            allStrSum = allStrSum. add( allPartSum. multiply( tcStrWeight. getWeight( ) ) ) ;

        }

    BigDecimal evaluateScore = new BigDecimal( "99" ) ;
    allStrSum = allStrSum. setScale( 2 , BigDecimal. ROUND_HALF_UP ) ;

    int sortType ;
    String evaluateResult ;
    if ( allStrSum. equals( new BigDecimal( "100. 00" ) ) ) {
        sortType = 1 ;
        evaluateResult = "正常使用,日常养护" ;
    } else {
        TcSort tcSort = tcSortService. selectTcSortByScore( allStrSum ) ;
        if ( tcSort ! = null ) {
            sortType = tcSort. getSortType( ) ;
            evaluateResult = tcSort. getEvaluateResult( ) ;
        } else {
            sortType = 6 ;
            evaluateResult = "出现严重情况,请核实" ;
        }
    }

    TcEvaluate tcEvaluate = tcEvaluateService. selectTcEvaluateByPK( evaluateID ) ;
    tcEvaluate. setEvaluateDate( new Timestamp( new Date( ). getTime( ) ) ) ;
    tcEvaluate. setEvaluateScore( allStrSum ) ;
    tcEvaluate. setSortType( sortType ) ;
    tcEvaluate. setEvaluateResult( evaluateResult ) ;
    tcEvaluate. setStatus( 2 ) ;

    returnValue = tcEvaluateService. updateTcEvaluate( tcEvaluate ) ;
    if ( returnValue > 0  ) {
```

```
            resultVo. setCode(200);
            resultVo. setMsg("技术状况评价计算完成!");
            resultVo. setData(returnValue);
        }else {
            resultVo. setCode(201);
            resultVo. setMsg("技术状况评价计算失败!");
            resultVo. setData(returnValue);
        }
        return JSONObject. toJSONString(resultVo);
}


@ RequestMapping(value = "/newTcPartScaleAction")
public String newTcPartScaleAction(TcPartScale tcPartScale) {
        int returnValue;
        returnValue = tcPartScaleService. insertTcPartScale(tcPartScale);
        if (returnValue = = 0 ){
            return "redirect:/error500";
        }else {
            return  "redirect:/tcPartScaleList";
        }
}


@ RequestMapping(value = "/editTcPartScale/{evaluateID}")
public String editTcPartScale(@ PathVariable("evaluateID") Long evaluateID, Mcdel model){
        TcPartScale tcPartScale = tcPartScaleService. selectTcPartScaleByPK(evaluateID);
        if (tcPartScale ! = null){
            model. addAttribute("tcPartScale",tcPartScale);
            return  "tc/tcPartScale_edit";
        }else {
            return "redirect:/error500";
        }
}


@ RequestMapping(value = "/updateTcPartScaleAction")
public String updateTcPartScaleAction(TcPartScale tcPartScale){
        int returnValue;
        returnValue = tcPartScaleService. updateTcPartScale(tcPartScale);
```

```
            if ( returnValue >= 1 ) {
                return  " redirect:/tcPartScaleList" ;
            } else {
                return " redirect:/error500" ;
            }
        }


        @ RequestMapping( value = "/deleteTcPartScale/{evaluateID}" )
        public String deleteTcPartScale( @ PathVariable( "evaluateID" ) Long evaluateID) {
            int returnValue;
            returnValue = tcPartScaleService. deleteTcPartScale( evaluateID) ;
            if ( returnValue >= 1 ) {
                return  " redirect:/tcPartScaleList" ;
            } else {
                return " redirect:/error500" ;
            }
        }
    }
}
```

参考文献
REFERENCES

[1]《中国公路学报》编辑部. 中国交通工程学术研究综述·2016[J]. 中国公路学报，2016,29(6):1-161.

[2] 任利剑. 城市轨道交通系统与城市功能组织协调发展研究[D]. 天津:天津大学,2014.

[3] 张志文,郑苗苗. 智能交通系统综述[J]. 测绘与空间地理信息,2012(S1):1-3.

[4] 刘晓光,王莹,赵杨. 我国城市轨道交通建设的历程、问题与对策[J]. 中国国情国力,2010(10):59-62.

[5] 韩宝明,陈佳豪,杨运节,等. 2020年世界城市轨道交通运营统计与分析综述[J]. 都市快轨交通,2021,34(1):5-11.

[6] 陆明. 城市轨道交通系统综合效益研究[D]. 北京:北京交通大学,2012.

[7] 顾岷. 我国城市轨道交通发展现状与展望[J]. 中国铁路,2011(10):53-56.

[8] 杨永平，赵东，边颜东. 我国城市轨道交通发展的政策变迁[J]. 都市快轨交通,2019,32(1):4-8.

[9] 中国城市轨道交通协会. 城市轨道交通2020年度统计和分析报告[R/OL]. [2021-04-10]. https://www.camet.org.cn/tjxx/7647.

[10]《中国公路学报》编辑部. 中国桥梁工程学术研究综述·2021[J]. 中国公路学报,2021,34(2):1-97.

[11] 中国人民共和国交通运输部. 2020年交通运输行业发展统计公报[R/OL]. [2021-05-19]. http://www.gov.cn/xinwen/2021-05/19/content_5608523.htm.

[12] 赵少杰,唐细彪,任伟新. 桥梁事故的统计特征分析及安全风险防控原则[J]. 铁道工程学报,2017,34(5):59-64.

[13] 彭卫兵,沈佳栋,唐翔,等. 近期典型桥梁事故回顾、分析与启示[J]. 中国公路学报,2019,32(12):132-144.

[14] 曹明旭,刘钊,孟杰. 美国桥梁病害及倒塌事故统计分析与思考[J]. 公路,2009

（7）:162-167.

[15] 黎小刚.大跨度轨道混凝土斜拉桥线形演化与控制方法研究[D].重庆:重庆交通大学,2019.

[16] 张喜刚,刘高,马军海,等.中国桥梁技术的现状与展望[J].科学通报,2016,61（Z1）:415-425.

[17] 张小娟.智慧城市系统的要素、结构及模型研究[D].广州:华南理工大学,2015.

[18] 吴宇迪.智慧建设理念下的智慧建设信息模型研究[D].哈尔滨:哈尔滨工业大学,2015.

[19] 孙利民,尚志强,夏烨.大数据背景下的桥梁结构健康监测研究现状与展望[J].中国公路学报,2019,32(11):1-20.

[20] 胡振中,彭阳,田佩龙.基于BIM的运维管理研究与应用综述[J].图学学报,2015,36(5):802-810.

[21] 杜彦良,苏木标,刘玉红,等.武汉长江大桥长期健康监测和安全评估系统研究[J].铁道学报,2015,37(4):101-110.

[22] 梁铮,曹明兰.国内外桥梁管理系统发展综述[J].建筑管理现代化,2007(4):54-56.

[23] Thompson et al. The PONTIS Bridge Management System[J]. Structural Engineering International,1998,8(4):303-308.

[24] Hawk H,Small E P. The BRIDGIT bridge management system[J]. Structural Engineering International,1998,8(4):309-314.

[25] 季云峰,张启伟.新一代桥梁管理系统的研究与发展[J].世界桥梁,2004(1):61-65.

[26] 安琳.美国桥梁管理体系概观[J].世界桥梁,2002(2):67-69.

[27] 谭金华,吕秀杰,徐俊,等.欧洲桥梁管理概况[J].世界桥梁,2004(3):52-55.

[28] 张新占.桥梁管理系统研究[D].西安:长安大学,2004.

[29] 李宏男,高东伟,伊廷华.土木工程结构健康监测系统的研究状况与进展[J].力学进展,2008(2):151-166.

[30] 宗周红,钟儒勉,郑沛娟,等.基于健康监测的桥梁结构损伤预后和安全预后研究进展及挑战[J].中国公路学报,2014,27(12):46-57.

[31] 葛耀君.桥梁工程:科学、技术和工程[J].土木工程学报,2019,52(8):1-5.

[32] Zhou X H, Zhang X G. Thoughts on the development of bridge technology in China[J]. Engineering,2019,5(6):981-1192.

[33] 张娅玲,陈伟民,章鹏,等.传感器故障诊断技术概述[J].传感器与微系统,2009,28(1):4-6,12.

[34] 袁慎芳,梁栋,高宁,等.基于结构健康监测系统的桥梁数据异常诊断研究[J].

电子科技大学学报,2013,42(1):69-74.

[35] Guyan,R. J. Reduction of stiffness and mass matrices[J]. AIAA Journal,1965,3 (2):380-380.

[36] Breitfeld T. A Method for Identification of a Set of Optimal Measurement Points for Experimental Modal Analysis[J]. The International Journal of Analytical and Experimental Modal Analysis,1995(11):253-283.

[37] Araujo A,Garcia-Palacios J,Blesa J, et al. Wireless measurement system for structural health monitoring with high time-synchronization accuracy[J]. IEEE Transactions on Instrumentation & Measurement,2012,61(3):801-810.

[38] Whelan M J,Gangone M V,Janoyan K. Highway bridge assessment using an adaptive real-time wireless sensor network [J]. IEEE Sensors Journal,2009,9(11): 1405-1413.

[39] 周建庭,张劲泉,刘思孟. 大型桥梁实用监测评估理论和技术[M]. 北京:科学出版社,2014.

[40] 曾庆元,郭向荣. 列车桥梁时变系统振动分析理论与应用[M]. 北京:中国铁道出版社,1999.

[41] 蔡宪棠. 大跨度铁路悬索桥刚度研究[D]. 成都:西南交通大学,2010.

[42] 周科文. 常见桥梁永久性变形产生机理与限值研究[D]. 重庆:重庆交通大学, 2007.

[43] Xuan F Z,Tang H ,Tu S T. In situ monitoring on prestress losses in the reinforced structure with fiber-optic sensors[J]. Measurement,2009,42(1):107-111.

[44] 王敏. 从预应力损失角度对混凝土桥梁病害成因的研究[D].武汉:武汉理工大学,2005.

[45] 程涛. 大跨径三塔结合梁斜拉桥收缩徐变效应研究[D].武汉:武汉理工大学,2010.

[46] Guo F,Yang Y Q,Huang S Q. Research on Deflection and Cracking of Prestressed Concrete Continuous Girder Bridge[J]. Advanced Materials Research,2013(838-841):1014-1017.

[47] Stull R B. Similarity Theory[J]. Atmospheric Sciences Library,1988:347-404.

[48] Jin Y,Herwig H. Application of the similarity theory including variable property effects to a complex benchmark problem[J]. Zeitschrift Für Angewandte Mathematik Und Physik,2010,61(3):509-528.

[49] 黎小刚,丁鹏,周建庭,等.考虑参数随机性的大跨度轨道交通斜拉桥线形预测分析[J].铁道建筑,2019,59(2):64-69.

[50] 谢明志,卜一之,张克跃,等.特大跨度混合梁斜拉桥几何控制法参数敏感性

[J].长安大学学报(自然科学版),2014,34(3):66-73.

[51] 孟江,赵宝俊,刘建梅.混凝土收缩徐变效应预测模型及影响因素[J].长安大学学报(自然科学版),2013,33(2):56-62.

[52] 王敏.从预应力损失角度对混凝土桥梁病害成因的研究[D].武汉:武汉理工大学,2005.

[53] 赵翔.拉索损伤对斜拉桥结构性能影响的研究[D].南京:东南大学,2005.

[54] 丁幼亮,卞宇,赵瀚玮,等.公铁两用斜拉桥竖向挠度的长期监测与分析[J].铁道科学与工程学报,2017,14(2):271-277.

[55] 王昆鹏.桥梁附加变形对高速列车运行安全影响的研究[D].北京:北京交通大学,2015.

[56] 李坤.高墩大跨连续刚构桥在温度作用下的轨道高低不平顺及对列车的动力影响[D].成都:西南交通大学,2011.

[57] 翟婉明,蔡成标,王开云.高速列车-轨道-桥梁动态相互作用原理及模型[J].土木工程学报,2005(11):132-137.

[58] 高芒芒.高速铁路列车-线路-桥梁耦合振动及列车走行性研究[J].中国铁道科学,2002(2):135-138.

[59] 陈伯靖,蔡小培,李成辉,等.桥梁沉降对无砟道岔动力特性的影响[J].铁道学报,2013,35(10):100-105.

[60] 翟婉明,王少林.桥梁结构刚度对高速列车-轨道-桥梁耦合系统动力特性的影响[J].中国铁道科学,2012,33(1):19-26.

[61] 周建庭,黎小刚,仲建华,等.大跨度轨道专用斜拉桥预拱度设置方法:2014107759287[P].2017-5-17.

[62] Li X, Zhou J, Zhang L, et al. Automatic Monitoring of Continuous Rigid Frame Bridges by a Magneto-elastic Effect Method[J]. International Journal of Robotics and Automation,2017,32(1):41-47.

[63] 张春霞,王巍.基于费用效益最优的桥梁预防性养护时机确定方法研究[J].公路,2013(7):259-262.

[64] 刘自明.桥梁结构模型试验研究[J].桥梁建设,1999(4):1-7,12.

[65] 吴宇蒙,常军.既有桥梁生命周期成本决策模型研究[J].桥梁建设,2011(4):34-36,52.

[66] 郭家超.大数据分析的神经网络方法[J].科学技术创新,2019(21):67-68.

[67] Morcous, G. Performance Prediction of Bridge Deck Systems Using Markov Chains [J]. Journal of Performance of Constructed Facilities,2006, 20(2):146-155.

[68] 夏烨,雷晓鸣,王鹏,等.针对网级评估的区域桥梁退化建模与演绎应用[J].中南大学学报(自然科学版),2021,52(3):828-838.

［69］白山云,陈开利,陈杰,等.公路悬索桥预防性养护技术[J].桥梁建设,2014,44（2）:101-106.

［70］单爱成.高速公路桥梁周期性养护投入估算指标模型研究[D].重庆:重庆交通大学,2016.

［71］陈康,郑纬民.云计算:系统实例与研究现状[J].软件学报,2009,20（5）:1337-1348.

［72］陈全,邓倩妮.云计算及其关键技术[J].计算机应用,2009,29（9）:2562-2567.

［73］罗军舟,金嘉晖,宋爱波,等.云计算:体系架构与关键技术[J].通信学报,2011,32（7）:3-21.

［74］冯登国,张敏,张妍,等.云计算安全研究[J].软件学报,2011,22（1）:71-83.

［75］李乔,郑啸.云计算研究现状综述[J].计算机科,2011,38（4）:32-37.

［76］张建勋,古志民,郑超.云计算研究进展综述[J].计算机应用研究,2010,27（2）:429-433.

［77］林闯,苏文博,孟坤,等.云计算安全:架构、机制与模型评价[J].计算机学报,2013,36（9）:1765-1784.

［78］黎小刚,惠丹,周建庭,等.大跨斜拉桥健康监测评估体系构建与应用[J].中外公路,2016（2）:92-97.

［79］国家铁路局.铁路桥涵设计规范:TB10002-2017［S］.北京:中国铁道出版社,2017.

［80］Zhou J,Li X,Xia R,et al. Health Monitoring and Evaluation of Long-Span Bridges Based on Sensing and Data Analysis:A Survey[J]. Sensors,2017,17（3）:603-603.

［81］Yang J,Zhang H,Zhou J,et al. Discussing the Initial Temperature Difference Correction Method for Vibrational Chord Strain Gauge in Bridge Construction Monitoring ［J］. Intelligent Automation and Soft Computing,2016,22（2）:1-9.

［82］周建庭,姚勇,房锐,等.桥梁结构应力的长期监测方法:2008100701932［P］.2009-02-11.

［83］辛景舟,周建庭,杨洋,等.响应面法在大跨轨道斜拉桥索塔长期变形预测中的应用[J].江苏大学学报（自然科学版）,2016,37（3）:367-372.

［84］黎小刚,丁鹏,周建庭,等.考虑参数随机性的大跨度轨道交通斜拉桥线形预测分析[J].铁道建筑,2019,59（2）:64-69.